季刊 考古学 第6号

特集 邪馬台国を考古学する

● 口絵(カラー) 奴　国
　　　　　　　畿内と三角縁神獣鏡
　　　　　　　朝　鮮
　　　　　　　中　国
　(モノクロ)　対馬国・一支国
　　　　　　　末盧国・伊都国
　　　　　　　河内平野
　　　　　　　大和盆地

座談会「邪馬台国の背景」
　　　　　　　　　　　岡崎敬・永井昌文・山尾幸久・金関恕 *(14)*

『魏志』倭人伝時代の北部九州
　北部九州の自然環境──────────畑中健一 *(27)*
　北部九州の生産────────────下條信行 *(31)*
　北部九州の集落────────────田崎博之 *(35)*
　北部九州の社会・生活─────────浜石哲也 *(39)*

『魏志』倭人伝時代の畿内
　畿内の自然環境────────────安田喜憲 *(43)*
　畿内の生産─────────────田代克己 *(49)*
　畿内の集落・人口──────────中西靖人 *(51)*
　畿内の社会・生活──────────都出比呂志 *(55)*

邪馬台国の周辺

中　　　　国	河上邦彦	(59)
朝　　　　鮮	西谷　正	(63)
対　馬　国	安楽　勉	(65)
一　支　国	藤田和裕	(67)
末　盧　国	中島直幸	(69)
伊　都　国	柳田康雄	(72)
奴　　　　国	塩屋勝利	(73)
考古学からみた邪馬台国研究史	森岡秀人	(76)

最近の発掘から

弥生時代の環濠集落　奈良県田原本町唐古・鍵遺跡——藤田三郎 (79)

弥生～古墳の集落跡　熊本県山鹿市方保田東原遺跡——中村幸史郎 (85)

連載講座　古墳時代史

6．6世紀の社会————————————石野博信 (87)

書評————————(93)
論文展望————————(96)
文献解題————————(98)
学界動向————————(100)

表紙デザイン／目次構成／カット
／サンクリエイト・倉橋三郎
表紙鏡写真は文化庁許可済

倭人伝の世界
奴 国

奴国の最も主要な特質は、弥生文化の成立と発展が、朝鮮半島や国内他地域との間断なき交渉を色濃く内包しつつなされ、諸々の生産技術の中心地であったことである。前期末から中期に至る舶載文物の集中的な入手と甕棺墓への副葬、後期における各種国産青銅器の生産と製品の流通は、このことを如実に示してくれている。

構　成／塩屋勝利
八田遺跡出土鋳型は福岡市立歴史資料館保管、その他は福岡市教育委員会蔵

甕棺墓からの細形銅剣出土状態（福岡市博多区比恵遺跡）　　　同細形銅剣（絹巻き）

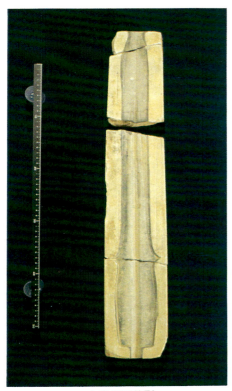

中広銅剣鋳型
（福岡市東区八田遺跡出土）

横帯文銅鐸鋳型（福岡市博多区赤穂ノ浦遺跡出土）
シカと釣り針ようの線刻がある

多数の三角縁神獣鏡を出土した京都府山城町椿井大塚山古墳
（写真提供／京都府教育委員会）

倭人伝の世界
畿内と三角縁神獣鏡

景初3年（239）に魏から卑弥呼に贈られた「銅鏡百枚」の実態はどうなのか。前期古墳から出土する三角縁神獣鏡の舶載品こそもっともそれにふさわしい。畿内にあって、三角縁神獣鏡分配の中枢部と深い係わりのある京都府の大塚山古墳では、32枚という多数の舶載品が出土した。三角縁神獣鏡は、邪馬台国問題の重要なキーポイントの一つであるだけに、その製作地・生産者・分布の解釈などをめぐって論争が絶えない。

構成／西谷 正

三角縁四神四獣鏡（奈良県新山古墳出土）
宮内庁所蔵

三角縁二神二獣鏡（大分県赤塚古墳出土）
個人所蔵

三角縁三神二獣鏡（愛知県東之宮古墳出土）
文化庁所蔵

三角縁五神四獣鏡（群馬県前橋天神山古墳出土）
文化庁所蔵

| 倭人伝の世界 |
| 朝　鮮 |

復元された風納洞土城の北壁

帯方郡比定地の一つ風納洞土城の北壁

『魏志』に見える帯方郡の位置はまだ確定していないが、ソウル付近の風納洞土城は有力候補地の一つである。狗邪韓国は、洛東江河口の右岸地域、金海地方に当ることがほぼ確実である。風納洞土城とともに、もう一つの有力候補地、黄海北道の智塔里土城の内部の調査が待たれるが、金海地方では遺跡調査が比較的進んでいる。その他の韓の国ぐにの比定は未解決である。

構成・写真／西谷　正

鳳凰台から金海平野を見る（狗邪韓国はこのあたりか）

金海付近地図
（朝鮮総督府『大正9年度古蹟調査報告』第一より）

府院洞から金海貝塚を望む

倭人伝の世界
中国

倭人伝の時代の遺跡としてはまず漢魏洛陽城があげられる。後漢・魏・西晋・北魏が都とした場所だが、現在は洛河に流された南城壁を除く三方が残っているだけで、城内は見わたす限り畑となっている。洛陽周辺には各時期の墳墓がみられる。これは周三公墓とよばれる双方中方墳ともいうべきもので、漢代のものと思われ、同じ河南省密県の打虎亭漢墓の双円墳などとともにわが国の前方後円墳の築造開始に影響を与えたかもしれない。なお、洛陽の西方、三門峡は黄河の航程中かなり危険な峡谷であったため、漢代から唐代にかけて桟道や運渠が作られた。魏も景初2年大開鑿をおこなっている。

構成・写真／河上邦彦

漢魏洛陽城の北城壁の遠景

漢魏洛陽城の北城壁の近景

霊台遺跡（漢魏洛陽城）

洛陽周辺の古墳の一つ（周三公墓と呼ばれている）

三門峡桟道（洛陽の西方三門峡市にある）

倭人伝の世界
対馬国

最も韓国に近い国境の町上対馬町は、北端の舟泊りとして和珥津（鰐浦）が古くから利用されていた。塔ノ首遺跡は弥生時代後期の石棺墓で、中には朝鮮の陶質土器や広形の青銅矛・青銅釧・ガラス玉など多くの副葬品が納められていた。

構　成／安楽　勉
写真提供／長崎県教育委員会

対馬最北端の鰐浦港

塔ノ首出土の石棺と副葬品

倭人伝の世界
一支国

一支国（壱岐）は対馬と同じく海人の島である。島の代表的な遺跡で貨泉などを出土した原の辻遺跡は深江田原とよばれる沖積平野に伸びた台地上に営まれた。生活址・溝・貝塚・墓地などが散在している。

構　成／藤田和裕
写真提供／長崎県教育委員会

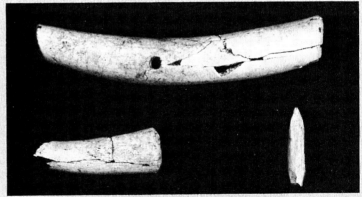

猪の牙製の刀子柄と小動物の骨製の鏃

原の辻遺跡の全景

廃棄溝に捨てられていた弥生後期の高坏

倭人伝の世界
末盧国

九州への最初の上陸地、末盧国は倭人伝によると四千余戸あって山海に沿っていたという。この地方の代表的な遺跡には宇木汲田と桜馬場があり、ともに鏡・剣・矛などを多数出土しているが、前者から後者へその中心地が移動している。

構 成／中島直幸
写真提供／唐津市教育委員会

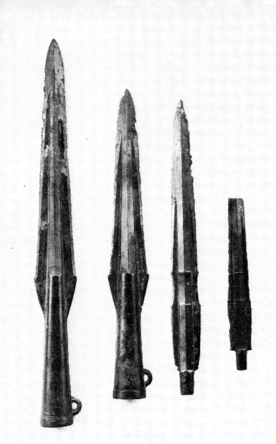

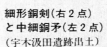

細形銅剣(右2点)
と中細銅矛(左2点)
(宇木汲田遺跡出土)

方格規矩四神鏡
(桜馬場遺跡出土)
(直径23.2cm)

倭人伝の世界
伊都国

伊都国の中心地の一つは福岡県糸島郡前原町の三雲遺跡である。三雲遺跡寺口地区の箱式石棺墓と祭祀溝では1号棺(左上写真手前)から鉄剣・刀子、2号棺から後漢鏡・管玉・鉄鏃が出土した。両棺の西側に平列する祭祀溝からは穿孔された多量の供献土器と鉄斧・鋤が出土した。土器は、副葬されていた後漢末の鏡から3世紀初頭に比定される。

構 成／柳田康雄
写真提供／福岡県教育委員会

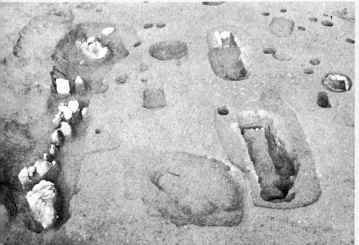

倭人伝の世界
河内平野

河内平野では弥生時代後期から古墳時代初頭にかけて自然環境が極めて不安定であり、水害が繰返し起ったと考えられている。一方、こうした災害に対して、弥生後期からシガラミのような水の管理が行なわれており、平野の開発に有効であったと思われる。

弥生時代後期の土器（瓜生堂、新家遺跡）
弥生時代後期の土器は、回転台から叩き技法への製作技術の変化から、小型化、粗略化、無文化へと変化し、地域的特色が薄れていく。手焙形土器はこの時期にのみ作られた特異なものである。

古墳時代初頭の土器（西岩田、瓜生堂遺跡）
畿内では一般的に庄内式土器と呼ばれるもので、弥生時代末期からの漸移的な変化が器形や器種構成に具体的に現われる。内面をヘラ削る薄い作りの甕や、小型の器台と丸底鉢に代表され、河内、大和を中心に作られたものである。

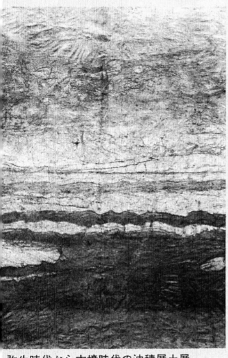

弥生時代から古墳時代の沖積層土層
（若江北遺跡）
河内平野の形成過程に堆積した土層断面。下の黒い部分が弥生前期、最上部の砂層部分が古墳時代前期、その内に幾度も砂と粘土の互層が認められる。

弥生時代後期の方形周溝墓（巨摩廃寺遺跡）
瓜生堂遺跡の南端部に当るところから検出されたもので、一辺約9m、残存高6〜70cmを測る。主体部5基が検出されたが、盛土北半は上層に認められる砂礫層によって削られている。

弥生時代後期のシガラミ（山賀遺跡）
比較的大きな河川左岸からシガラミを通して中央部の浅い溝へ水を引き入れるために設置されたもの。

構　成／中西靖人
写真提供／大阪文化財センター

倭人伝の世界
大和盆地

倭人伝時代の前段階にあたる大和盆地の弥生後期の集落は数例を除いて同時代の他の遺跡に比べ極めて小規模・短命であった。奈良市六条山遺跡、橿原市上ノ山遺跡もその中の1例である。しかし唐古・鍵遺跡は大和盆地のほぼ中央に位置する拠点的な母集落である。後期には完形土器などを大量に埋棄した大形土坑がみられ、中期末～後期初の溝からは土製と石製の銅鐸鋳型が出土しており製作年代の理解に大きな資料を提供した。

構　成／寺沢　薫
写真提供／県立橿原考古学研究所

六条山遺跡の住居跡群（標高100mの丘陵上に5基発見された）

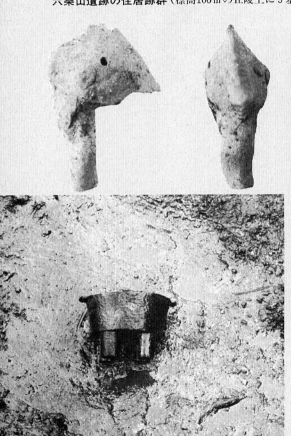

高地性の集落・上ノ山遺跡（大和盆地周辺の丘陵部に位置する）

唐古・鍵遺跡出土の大形土坑（完形土器が大量に埋棄されている）

唐古・鍵遺跡出土の遺物と出土状況
（上：鶏頭形土製品，中：木製四脚容器，
下：銅鐸石製鋳型）

季刊 考古学

特集
邪馬台国を考古学する

特集●邪馬台国を考古学する
座談会　邪馬台国の背景

岡崎　敬・永井昌文・山尾幸久・金関　恕
九州大学教授　九州大学教授　立命館大学教授　天理大学教授・司会

金関　邪馬台国の問題につきましては，私は基本的に文献史学の側で解決されるべきものだと思っております。考古学，人類学といった学問は，いわば状況証拠を与えるだけで，直接証拠はやはり文献史学の側から提出されるべきものではないかと思っております。しかし何分文献が非常に少ないしまた内容も非常に曖昧模糊としたものですから，いきおい状況証拠も相当取り入れられなければいけない。

今日はそういうことで，考古学あるいは東洋史，人類学，文献史学と，現在日本の第一線の先生方にお集まりいただいて，これから最近の成果について伺い，ご見解を承りたいと思います。

1　文献史学の成果

金関　恕氏

金関　まず文献史学の側から見た邪馬台国の問題ですが，戦前から1970年ごろに至る重要な問題は，三品彰英先生が編集されました『邪馬台国研究総覧』にまとめられており，大体210編ぐらい，重要な論文が紹介されております。その後，1971年に佐伯有清先生が出されました『研究史邪馬台国』に非常に要を得た紹介があり，最近では佐伯先生が『邪馬台国基本論文集』を3冊本で出しておられます。

こういうもので一応アカデミックな研究がたどれると思うんですけれども，この60年代末から83年に至る間，一つ注目されることは，邪馬台国ブームがとくに高まり，古田武彦さんなどのような在野の方々も重要な発言をされました。そういうことを含めて，山尾先生に文献史学で最近出されたユニークな説を紹介いただけたらと思います。

山尾幸久氏

山尾　江戸時代から見解はいろいろ出ているんですけれども，おっしゃるとおり三品彰英さんの概括で一段落して，最近佐伯有清さんが『邪馬台国基本論文集』を編集されて，研究文献の大体基本的なものは網羅されていると思うんですね。

1つは，『魏志』倭人伝2,000字ばかりをいろいろと微に入り細をうがった解釈がずっと行なわれているのですが，そういうやり方とはちょっと毛色の違う『魏志』東夷伝全体から東アジアのいろいろな種族の社会構造を研究していくような，いくつか注目すべき論文が出ていると思います。

その1，2を申し上げますと，武田幸男さんの「魏志東夷伝にみえる下戸問題」（朝鮮史研究会論文集3，1967）といって，これは『魏志』に書かれている東アジアの種族の身分構成の特色を掘り下げられたものです。それから原島礼二さんの『日本古代社会の基礎構造』（1968）。ここでもやはりそれぞれのアジアの種族の社会の構造が，わずかな史料から最大限追究されていると思います。

2つ目には，いまおっしゃった在野の方の論が非常に目立って最近出てきているということだと思います。

金関　在野の方で活躍しておられる代表的なお一人は古田さんだと思いますけれども，古田さんは，最初お書きになってからずっと邪馬台国ではない邪馬壹国である。紹熙刊本，紹興中衢州刻本などの宋代の最も古い刊本によってもそうなっているから，という主張ですが，これはどういうふうに受けとめてよろしいんでしょうか。

山尾　紹熙本というのは，紹興本よりもう一つ

前の，北宋の咸平年間の最初の刊本のですね，それの復刻だというふうに考えられていて，その紹熙本というのは大部分残っているんですけれども，そこに「臺」と「壹」との使い間違いというのは一切ないということから，「邪馬壹国」が正しくて「邪馬台国」は間違いだということです。

しかし，古田さんの学説は，『三国志』の印刷が始まった11世紀の初頭までしか遡らない議論ではないかと思うんです。ですから，『後漢書』の版本が全部「臺」になっていること，10世紀以前に編纂されたいろいろな書物の版本が「臺」になっていること，とくに『隋書』の倭国伝に「魏志にいうところの邪馬臺なるものなり」とありまして，『隋書』が書かれた時代，初唐の宮中の図書館にあったと思われる写本の『魏志』が「臺」になっていたといったことは，それからもわかるのではないかと思うんです。

金関　その場合，今日知りうる一番古い『隋書』の版本はいつごろまで遡りますか。

山尾　北宋の天聖版本が一番古いものです。残ってはいませんが。

金関　そうしますと，同じ北宋時代に印刷されたもので，一方には「邪馬壹」とあり，一方には「邪馬臺」となっている，ということですね。

山尾　そうです。『隋書』の列伝は630年代に編纂されたものですけれども，本文の中で，現在「邪靡堆（大和）に都する」と書いておって，この大和が「魏志にいうところの邪馬臺なるものなり」と書いています。ですから，7世紀ごろの写本段階ではまだ「臺」とあったんじゃないかと思います。ところが北宋の咸平年間の最初の刊本で「臺」を「壹」と彫り間違えたことがその後ずっと踏襲されている，そういうことではないかと私は思っています。

金関　そうすると，北宋の咸平年間に何かの写本によって版をおこしたと思うんですけれども，その写本は間違っていなかったわけですか。

山尾　その可能性の方がむしろ大きいんじゃないでしょうか。

金関　宋以後の刊本は幾つかあると思うんですけれども，最初の咸平六年の国子監刊本が間違ったためにずっと同じ間違いをその後引き継いだというふうに考えてよろしいですか。つまり，一系統の刊本から間違いがずっと踏襲されていると。

山尾　印刷した最初が間違って，それが踏襲されているんじゃないかと思います。

金関　どうもありがとうございました。

そのほかいろいろそういった在野の方の発言があるわけですけれども，ほかに何かコメントがありましたらひとつこの機会に……。

山尾　邪馬台国問題にアマチュアの方の発言が盛んだといっても，もっぱら所在地論，それもほとんどが九州説ですね。

九州説にアマチュアの方の人気がある理由は簡単ですよ。『魏志』倭人伝の邪馬台国の所在地についてのデーターですね。そのデーターにはエラーが含まれているわけですが，九州説の場合は道のりだということですね。そのエラーを誰かの偽瞞だとするのが九州説の特徴ですから，史料に制約されるのは「南」ということだけで，あとはどこであろうと好きなところを邪馬台国だといえるわけですね。畿内説は「南」は誤解だということを証明して，史料を生かそうとするんだからおもしろくないですよ。想像をさしはさむ余地が少ない。

ただ，考古学はともかくとして，文献史学でとくに最近すばらしい成果が出てきたということはなくて，手品師か軽業師みたいな解釈ならいっぱいありますが，ちょっと行き詰まりの傾向があると私は思っております。

2　考古学上の成果

金関　岡崎先生，何か最近お読みになったもので，取り上げておもしろいものがありましたら紹介いただきたいと思いますが……。

岡崎　敬氏

岡崎　最近僕のところへ届いたもので，森浩一編『三世紀の考古学』があります。主として弥生時代後期を中心にして，古墳時代前半まで，日本全体を考古学的な立場から整理してあるのです。地域の立て方などに問題はありますが，こういうことをやったのは初めてでしょうね。

先ごろ開かれました県立橿原考古学研究所附属博物館の特別展「三世紀の九州と近畿」（1983年）では近畿の弥生後期の第V様式から古墳前期前半の布留1式，北部九州では弥生後期の下大隈式から古墳時代前半にかかる西新町式までを考えている。近畿の庄内式（纒向1—3式）は古墳時代前期初頭として取り扱っています。一応弥生時代の後期を重点として3世紀を中心としたというところは新しい方向ですね。

金関　それからこれは1982年のことですけれども，邪馬台国ブームは日本だけでなくて中国の方にも熱気が伝わったのか，汪向栄という方の『邪馬台国』という本が出されました。

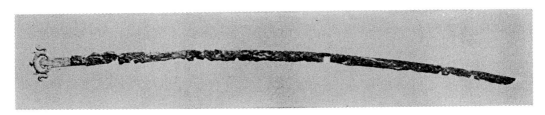

中平在銘環頭付鉄刀（天理市東大寺山古墳出土）

岡崎　私は北京でお会いしましたが，なかなか温厚篤実な人ですね。世界史研究所で日本史を担当されています。とくに日本古代史ということで，日本の雑誌はよく読んでいます。だから日本の記録と雑誌を読んで整理したという段階ですね。

一方，在野の方として奥野正男氏と古田武彦氏は発掘はしないけれども非常に熱心な方々で，各地の発掘を見学して回る人です。いろんなことを耳で聞いて材料を集める人ですね。

金関　非常に筆力がある方々ですね。

いまおっしゃったように，文献史学から考える上でもどうしたって考古学的な問題を避けて通れませんから，お互いにそれぞれの成果を摘み取り合っているわけですけれども，問題はむしろその摘み方にあると思うんです。文献史学の方についていえば，自分の予期や仮説に一番適したものだけ考古学の成果を摘み取るというふうな形で議論を組み立てますと，いくらでもおもしろい話ができますし，何か主張が裏付けられるような論文のつくり方ができるわけです。けれども，やはりもう少し公平にすべての情勢を見通してということが望ましい，そういうことになるでしょうか。

これは考古学者の側も同じだと思います。ただ考古学の範囲の中でもわれわれに同じような偏りがあることは確かですし，畿内にいればどうしても畿内のことが目につきます。九州にいれば九州の成果が大きく映るわけです。だから同じ誤りを犯す可能性があります。

また，考古学と文献というふうなかかわり合いで言いますと，私たちが昔，天理市の東大寺山古墳で発掘しました中平紀年の刀についてもご意見を伺いたいと思います。山尾先生も『魏志倭人伝』(1972)の中で取り上げておられますが，あの古墳は和邇氏の本拠地にある，恐らくあの刀は直接に，あるいは何かの経路を経て和邇の首長の手に入ったのだろう，一つの可能性としては九州地方の首長に下賜されたものが和邇氏に献上されたのだとか，あるいは太刀がつくられて間もなく，和邇氏そのものが楽浪郡あたりから日本にやって来たとか，複数の可能性を想定しておられますけれども，卑弥呼の手に入ったものが和邇に下賜されたという可能性はないでしょうか。

山尾　あるかもしれませんね。ただ，要するに私が言いたかったのは，推測の要素が一番少ない解釈ということなんです。あの古墳は大体4世紀の末ぐらい……。

金関　大体それぐらいに置いております。

山尾　4世紀の末というと，天皇で言うと仁徳ですか。

一番推測の要素が少ないのは，要するに和邇氏の祖先が，中平というと2世紀の末ぐらい，184年から189年までですが，2世紀間近く家宝として伝世してきたと考えた方がいいんじゃないかと思ったんですがね。ですから，あの刀が天理の古墳から出てきたということを，畿内の勢力が楽浪郡に通じた最初の証拠にするのが本当ではないかという想定です。刀は動きやすいものですから，いろいろ想像はできますけれども……。

金関　中平といえば後漢の霊帝の時代です。『後漢書』には「桓霊の間倭国大いに乱れ」とありますけれど，『梁書』には「漢の霊帝の光和中」と書かれています。どのような可能性が高いわけですか。

山尾　『魏志』は「住まること7，80年」と言っておりますが，九州の107年に朝貢する王がおりますね。あれ以来，男王の統治が7，80年間安定したところで倭国が乱れたという，そういう意味ではないかと思います。むしろああいう漠然とした書き方がオリジナルな史料でして，漢・霊の間とか霊帝の光和中というのは，むしろそれから批評的・考証的に導き出されてきた表現じゃないかと思います。

中平といいますのは，遼東は相当混乱しまして185，6年には鮮卑族が侵寇して，187，8年には張氏が乱をおこし，すぐ後の190年には公孫氏が興ってまいります。高句麗も遼東に侵寇するほか，沃沮・濊を従属させます。ですから，もう中平ごろから後は，朝鮮半島から中国の王朝へはなかなか直接には行きにくかった時代です。中平の銘をもっているけれども公孫氏からもらったとかあるいはもっと後に手に入れたという推測も可能

ですが，私はやはり中平年間に楽浪郡から授かった，と……。

金関 私はやはり前代の王朝の年号のあるものを中国が下賜するという可能性は少ないのではないかと思いますので，仮にあれが日本の手に入ったとすれば，日本の王に下賜されたのは中平に近い，まだ後漢の時代であろうと思うんですけれども，ちょうどそのころ，倭国が卑弥呼を擁立することによって一応平和になった。その擁立された卑弥呼が，何かすることがあるとすれば，ただ国内で擁立されただけではなくて，対外的にも何か求めたのではないか。直接後漢の宮廷に使いを出すというようなことはとても無理だったかもしれませんけれども，何か周辺かどこかと多少ともコンタクトがあって，その際手に入った可能性はないだろうかと思うんです。

山尾 『魏志』の韓伝に，公孫氏が楽浪郡の南の半分を割いて帯方郡を立てたときに，倭とか韓とかが公孫氏に帰属したと書いてあります。あれは要するに魏よりも前に邪馬台国は公孫氏に帰属していたということでしょうね。

金関 太刀についてもう1つ考えられることとして，卑弥呼は景初3年に使いを出して多くの宝物を下賜されます。卑弥呼が政権を維持するためには同じように首長らに下賜品を分与した可能性があるかと思うのです。中国が卑弥呼に下賜した品目中，腐朽せずに遺るものとして鏡や刀などがあると思います。卑弥呼が国内で各首長を自分の政治範囲に組み入れる場合，同じように，もらった鏡を利用し，もらった刀も利用して，鏡と刀などの組み合わせで配ったかもしれません。ですから配られたのは鏡だけではなく，刀も可能性があると思うのです。といいますのは，素環頭の太刀とか直刀も大体あの時期に同笵鏡を分布する古墳に同じように出るような気がします。そうしますと，和邇自身が手に入れたのではなくて，古い時期に与えられたという可能性があるのではないか。そういうもの全部をひっくるめて九州から畿内へ動いたという可能性がないわけではありませんが，その可能性は余り高くないと思います。

山尾 私は邪馬台国を畿内中枢地域の部族連合と考えておりますので，その可能性は余り考えていないんです。ただ，刀もそういうふうに下賜されて分与されたということは，いままで考えなかったことで，鏡の場合には景初3年の魏の皇帝の詔に，国中の人に鏡を示して，魏の王朝が汝を哀れんでいることをよく知らせよ，とありますが，なるほどあそこに五尺刀も見えますのでね。おっしゃるとおりです。

ただ，畿内説の立場から申しますと，それまで九州北部のいわば奴国連合が対外関係を独占しておって，そこを窓口にしないと，朝鮮半島，中国大陸のいろいろの高い水準の鉄器文化が入ってこないような対外関係の集約態勢があった。それをヤマト政権が継承したというふうに考えます。

ですから，むしろ私がお聞きしたいのは，2世紀の前半と3世紀の前半とを比べてみて，九州北部に大きな変化と申しますか，2世紀の後半か末ぐらいを境として，遺跡・遺物からみた場合に何か変化があるのかということですね。

金関 暦年代に正確に当てはまるかどうかわかりませんけれども，2世紀の終わりから3世紀といいますと，九州では明らかに副葬品が減少するという現象があるんではないでしょうか。

例えば，東背振山塊から派生する丘陵に営まれた墓地の甕棺には，九州で弥生後期初頭と言われるものがあり，その中にも青銅製品が副葬されておりますね。しかし，その後舶載品の副葬が少なくなってしまいます。そして恐らく古く手に入れた青銅製品を鋳つぶしたであろうと考えられる国産の祭器類が非常にふえてくるようです。つまり舶載のものの副葬がなくなる時期だと言えないでしょうか。

岡崎 九州では前，中，後期というふうに分類をするんですが，九州北部では前期は紀元前くらい，中期は紀元後ぐらいから2世紀の初めにかかるぐらい，2世紀から3世紀までが弥生の後期になる。弥生の後期になると細形銅剣，銅矛のようなものがなくなるんです。後期では広形の銅矛は外へ埋めちゃうんです。弥生時代の鏡は弥生の中期だと前漢鏡，後期では後漢鏡なんかを多量に含んでいるんです。これは甕棺から出土します。

弥生後期の鏡というのは日本でつくったものもあります。中国鏡としては内行花文鏡でしょう。弥生中期の近畿は鏡がきわめて少ない。しかし後期になると少ないけれども多少出てきます。

金関 ただ，物が出る，出ないというのは大きく社会習俗にかかわっております。個人が手に入れたものをその人のお墓に入れることのできる社会と，あるいは，それはその社会に属してしまって，個人の副葬品にならない社会とがあります。青銅製副葬品がないからその社会に当時青銅器がなかったということも言えない。副葬品があることは確かにその社会が豊かであったことを反映しますけれども，副葬品がないからその社会が貧しかったとは言えないわけです。その辺に1つの限界があります。とくに青銅器の場合は，手に入れて鋳つぶすこともありますし，壊れてもまた次の

再熔融の材料にすれば，残りにくいと思うんです。しかし，畿内でもいわゆる古墳時代に伝世鏡として入っているものには漢鏡がありますね。

3　考古学と邪馬台国

金関　それでは元に戻りまして，考古学と邪馬台国の問題に入りたいと思います。

考古学は邪馬台国に対して直接的な証拠を与えうる学問ではないと思いますけれども，状況証拠としては非常に重要視すべきだと考えられます。それで最近の歴史家の業績にも考古学的な資料がずい分取り入れられています。発掘調査も日本列島で年間1万ヵ所近く行なわれているようですが，広範囲な発掘調査の成果を踏まえて，何か邪馬台国に関係のあるもの，その所在を示唆するようなものがあるでしょうか。

邪馬台国の所在地については実にたくさんの候補地があげられております。その1つ1つを検討するのはとても難しいと思いますけれども，畿内と九州とにしぼって，多少とも示唆的なものといえば，「大和弥生社会の展開とその特質」(『橿原考古学研究所論集』4)という寺沢薫さんの論文です。

寺沢さんは縄文晩期から弥生，それから古墳時代の初頭にかけての大和盆地内の遺跡がどのように変化してきているかということを克明に追究されました。最初は大和川を遡って，盆地中央部にある唐古に人がやってきて村をつくり，弥生の古い段階で，唐古からさらに初瀬川を遡って新しい村をつくる。これらの数ヵ所の弥生の村と，それに対立する，例えば竹内とか橿原とか箸尾とか丘陵寄りには縄文の村があり，弥生の村と縄文の村が共存している時期があった。その辺から話が始まるんです。

第2の段階は人口が増加して大和盆地内の水系を通じてさらに分村が始まる。ただし，分村とはいえ，その時期に分村した集落は，拠点的な集落として次の時期の核になり，次の時期つまり弥生の中期から後期にかけて拠点的な集落から引き続いて分かれた村が大和盆地の全面を占めて行くというわけです。弥生時代の遺跡の80％以上が盆地に集中しているという現象からいかに大和の弥生時代の村が平地に居を構えたかということ，これは河内よりもはるかに頻度が高いそうですが，そういうことを示しております。

ところがその最後の段階になると，急に盆地内の村々の放棄が始まります。中心となっていた集落の12村中の10が捨てられ，57ある分村の大多数が捨てられた。一方，三輪山の西麓には非常に広い範囲に大集落がつくられた形跡があるようだ，という想定なのです。寺沢さんご自身は，こういう現象をやはり1つの軍事的な緊張を示しているものではないかと表現しておられます。

もう1つは，例えば三輪山の西麓にかたまった時期の土器の中には東海系の土器の出現頻度が高いということが，同じ橿原考古学研究所の石野博信さんとか天理参考館の置田雅昭さんの分析でわかってきました。これには煮沸形態の土器も入っていますので，東海地方から人々がやってきたのではないかと考えられます。もちろんここに入っています土器は東海系だけでなく，わずかな量としては山陰とか南関東のものもあります。しかし多いのは東海系の土器です。

このように大和盆地の東南の隅にかたまっていく現象がもし軍事的な緊張を示すとすれば，当然相対する勢力が反対側の西にあるだろう。としますと，やはり河内に対する1つの軍事的な緊張ではないでしょうか。しかも，三輪山の西麓からは伊賀・伊勢・東海地方に出る谷がありますので，逃げ道も確保されています。

一方，河内の方ではどうかと言いますと，最近の巨摩遺跡出土品の分析で，同じ時期に相当数の吉備系の土器が混入しているというんです。もちろんその他の地方の土器も入っていますけれども吉備でつくられたと見られるもの，あるいは吉備の土器の型式をそなえながら，河内でつくられたと見られるものが相当高いパーセンテージで入っております。この現象は何か吉備・河内の連合勢力の存在を暗示していると考えてよいのではないか。ただしこれが暦年代のいつに当たるかは非常に難しくてきめられません。ともかく大きな軍事的緊張，それもおもしろく言えば大和・東海の連合軍対河内・吉備の連合軍の対立がうかがわれるのではないかと思います。

もちろん軍事的緊張は，弥生時代の間に各地で何度かあったと思います。しかし，寺沢さんの分析が正しいとすれば，これは相当大規模な動乱で

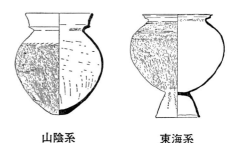

山陰系　　　東海系
纒向へ持ち込まれた土器
(橿原考古学研究所附属博物館『大和の考古学』より)

あったと思うのです。

ただし，村が放棄されたというためには，遺跡を全部掘らないと確実にはわからないわけです。集落が少し移動したために，違う個所を掘ってある時期のものが急に見つかるということもあります。自然の営みによって消滅した遺跡もあるでしょう。50 何か所の遺跡を徹底的に調査してこういう成果が出たわけではなく，一応寺沢さんが見当をつけられたことだと思います。ただ数が増えれば信頼度は高まって行きます。私はこういう考え方が出ている以上は，歴史の中に還元して考えてみたいという誘惑にかられます。

年代の方は庄内式土器と言われている時期に当たります。歴史の上で重ね合わせるとすれば，卑弥呼が亡くなった時期頃でしょうか。

山尾　3世紀の中ごろですか。

金関　はい，その頃に当てられるのではないかと思っています。

では九州の方で新しい発掘調査の成果は……。

岡崎　九州は北九州と東九州，中九州，南九州などにわかれ，唐津は唐津平野，福岡は福岡平野という形でそれぞれの地域の分析をやっているわけです。いわゆる編年は関西より細かく進んでいますが，問題はやはり弥生の後期です。

最近柳田康雄君が三雲の調査をしました。大体弥生の中期から後期，古墳時代前期の資料が多いのですが，後期以降になると，関西の庄内式が出てくるんです。どこでつくられたかということは問題ですけれども，ともかく庄内式がかなり出てくる。そのほか庄内式が出てくるのは10数ヵ所にも及びます。だから，福岡の近郊で関西式の土器が出てくるということは1つの注目すべき現象です。これをどう解釈するか。九州の弥生後期の土器が関西まで行ったということがわからない。しかし関西から来ているものの数はかなりわかっています。

金関　たしか最初安国寺あたりで見つかりましたね。私が感じたことは，先日柳田さんが発掘しておられる大宰府の南の限遺跡（仮称）を見学し，まことに広大でわれわれがいままで遺跡があるとは思わなかった丘陵が全面，甕棺と古墳の墓地で占められていることに驚きました。邪馬台国を九州のある地方に比定する場合，考古学者がよく難点を感じておりましたのは，肯定できるような大きな集落遺跡がないということでした。しかし調査が進めばいままで知られなかった大遺跡が見いだされる可能性は十分高いと思います。決して大和にのみ人口が稠密で，九州の人口がより疎であったと言い切ることはできないと感じました。

岡崎　古墳時代には大体それぞれの平野が開拓し尽されていますね。唐津平野とか糸島平野，福岡平野なんかでは弥生の後期にほとんど開拓されてしまっている。小さい平野になると，現在の開拓の線で昔の幹線が全部たどれるんです。だから弥生の後期の開発というのは相当なものです。

金関　遺物の方で申しますと，大きな問題が投げかけられたのは小林行雄先生の三角縁神獣鏡に対する新しい見解です。それは 1982 年に大阪文化財センター設立 10 周年記念の「邪馬台国の謎を解く」というシンポジウムでお出しになったものです。その説は三角縁神獣鏡が卑弥呼に与えられた百面の鏡であるとすれば，という前提に立ってということですけれども，どうしてこの三角縁神獣鏡の鏡式が成立したかを説明された重要なものだと思います。これなどは王仲殊さんの論文（「関于日本三角縁神獣鏡的問題」考古 1981—4）にこたえる，日本の学者の最も先端的なものであろうと思います。

岡崎　王さんの論文は飜訳して『日中古代文化の接点を探る』(1982) にのせました。あれをみて感じたのは，洛陽に三角縁の鏡がないということを王さんも言われている。しかし私が行った時は三角縁画像鏡があったのです。洛陽市博物館の鏡です。

金関　その鏡は岡崎さんの『新中国考古の旅』(1975) に書かれたものですか。たしか佐味田の宝塚の同笵鏡のラインにつながる鏡ですね。

岡崎　そうです。その鏡を洛陽の姉妹都市というので岡山市で出したんです（古都洛陽秘宝展，1983 年）。ちょうど王冶秋先生に写真をお願いしたところ送っていただきました。写真は図録に出ています。佐味田の新山のものと非常に近い鏡です。

金関　同笵ではないんですか。

岡崎　同笵ではありません。同笵ではないけれども鏡の銘文はかなり同一文章がある。ところが明らかに 1954 年に洛陽市岳家村磚瓦廠から出ていますが，唐代の墓なんです。唐代の墓だけれども洛陽で出たことは事実です。白瓷の盒子やササン・ペルシアの貨幣と一緒に出ている（『文物』1960—8・9）。この鏡が古いものであることは，日本で佐味田から出ているから，佐味田・新山古墳を3世紀とするか4世紀とするかは問題があるんですけれども，やはり古い時期のものには違いない。しかし，この鏡と同じ手のものが日本に入っていることは事実だと思うんです。ただ古鏡がもともと洛陽のものなのか，または江南のものなのかにわかに決めがたい。

この手と同じ銘文のある三角縁神獣鏡はやはり

洛陽市出土三角縁画像鏡 (『古都洛陽秘宝展』より)

佐味田からも出ています。佐味田・新山古墳の場合はもう1つ西晋の帯金具があるでしょう。あの帯金具は洛陽では西晋の300年ぐらいの年号をもつ墓の近くから出ています。ほぼ同一文様の帯金具は江蘇省の宜興ではやはり西晋297年の周処墓から出ている。それから広東では東晋の324年の塼墓から出ている。鏡とは一緒になって出てくるから、あるいは3世紀にそういうものが日本に入り得るということも1つの考えでしょう。しかし実際に三角縁神獣鏡はいまのところ中国から出ていませんから、その面でやはりある程度のおさえはしておかなければならないと思います。

金関 三角縁画像鏡まではあっても神獣鏡はないということですね。

小林先生は、以前は三角縁神獣鏡を魏でつくられた鏡であるとおっしゃっていましたけれども、このたびのシンポジウムでは魏の鏡だけれども日本に100面を数える多くの鏡を下賜しなければいけないので、多くの工人を集めてある意味では下賜品として輸出用に急造させた、という解釈を示されました。その点では新しい見解を示されたと思います。急造するためにはデザインを簡略にしなければいけない。もう1つは、大きな鏡、径1尺の鏡でないといけない。1尺の鏡を、デザインを簡略にしてつくるために、非常に単純な、直線的幾何学文が多用されたり、あるいは乳による分割の方法が採用されたり、大きさと厚みを強調するために三角縁という、非常に立派な鏡に見えるような工夫がされた、という考えを披瀝されました。

この小林先生の見解が正しいとすれば、当然この鏡が卑弥呼に下賜され、さらに卑弥呼から分与された鏡になるし、その分与はやはり大和から行なわれたことになります。もちろん物は移動するから、こういうものを全部ひっくるめて九州から大和に持ってきたということは可能性があると思います。けれども、仮に邪馬台国の時期に九州に入ったとすれば、九州の弥生時代の墓からこういう鏡が出てしかるべきだと思うのですけれども。

岡崎 中国から来る場合に、とくに魏の皇帝から日本の卑弥呼に対しての鏡などというものは、恐らく装封してちゃんと封印してありますから、パラパラと出てくることはありえないと思うんです。だから、この鏡で銘文をもつ一番ちゃんとした物はほとんど畿内から出ています。大部分は畿内で、畿内からやはり配布されたものと考えるのが普通でしょうね。

4 人類学からみた邪馬台国

金関 今日は人類学の永井先生がお見えになっておりますので、人類学者の見た邪馬台国についておうかがいしたいと思います。

まずお聞きしたいのは邪馬台国は倭国あるいは倭人の国だと言われていますけれども、倭人の分布範囲は日本国内だけではないという説もありますので、人類学的に言って倭人とはこうだという形質的な特質があげられるのか、あるいは特定の形質があるとすればそういう形質を共にするグループが東アジアのどの地方にどの程度広がっていた可能性があるか、そういうことをお話いただきたいと思います。

永井 倭人というのはある程度その裏に背の低い矮小なという意味を含んでいるのではないかと思います。

確かに縄文時代の人骨は、日本全国おしなべて平均が160 cmに満たないのが普通です。朝鮮半島も含めて、中国とくに北シナはわりと身長が高いですから、そこから見たらやはり背が低いと感じたのは当然だと思います。

北シナに比べて背の低い人種は東南アジアから日本列島にかけて広く分布していたと思われるのですが、倭人伝の記載はどうも倭国の地理的位置を実際よりはずっと南に思い違いし、倭国からの伝聞に当時の南シナの実情を勘案しながら当地の土着の、縄文以来の人々のことを主に書いているように思えてなりません。

最近の人類学の成果と申しますと、1980年の末に人類・民族の連合大会が長崎でありまして、その時「骨から見た日本人の祖先」というシンポジウムが開かれました。

ところで戦後、昭和20年代末ごろから金関丈夫先生が、それまで欠落していた弥生時代人の発掘収集に初めて積極的に乗り出されました。そのころは非常に資料が少なかったんです。佐賀県の

永井昌文氏

三津永田あたりで集められたわずかな資料をもとに今から思えば非常に大胆な仮説，弥生時代における半島経由の異種族混入という提言をされました。北部九州という地域の，それまでの考古学的な背景をとくと考えられた上で1つの仮説を出されたんだと思います。またそういった背景があったからあれだけ意欲的に先生は集められたんだと思います。

さて，日本全国を眺め回して，弥生時代の人骨はほとんど西日本に限られているような現況です。関東は非常に少ない。というのは，人骨が2000年の後まで残るというのには条件がありまして，たまたま北部九州には大きな甕棺に埋封する特異な風習，それも弥生時代に限られるという，地域的にも時代的にも非常に特異な埋葬風習があったために，骨が幸運にも残ったわけです。

もう1つは，甕棺だけからではなくて，海岸の砂丘あたりからも出土します。石灰岩地帯を別にすれば骨が残る条件というのは大体この2つに限られています。密封された甕棺の場合と，もう1つは海岸で貝塚によく似た性質をもつ砂，貝殻の粉をたくさん含んだ砂に包まれていた場合です。

甕棺の人骨は私のところ（九州大学解剖学教室）だけでも1,500体ぐらいあります。骨が残っているというのは全体の10分の1ぐらいなので，恐らく1万5,000〜2万ぐらいの甕はいままでになしくずしにつぶされているでしょう。そういった甕から出る人骨は金関丈夫先生の掘られた昭和30年ごろと比べて資料がずっと増えています。ですから今ではある程度の確実性をもって言えると思うんです。初めの金関先生の所説以後，これまでに長崎大学の内藤芳篤先生が甕棺出土ではない西北九州の海岸地帯の人骨を調べられました。この場合は同じ弥生時代人骨ながら，金関先生の言われるような，身長が高くて面長のタイプではなくて，大体が縄文時代から引き続いたような在来種的な骨でした。

一方，同じ内藤先生およびその門下の調べた佐賀県下の甕棺人骨は，金関先生が初めて手掛けられた三津永田の人骨と形質は似ておりました。東大におられた鈴木尚先生の説ではそういうふうに弥生時代に非常に形質が変化したのは，やはり生活環境が大きく影響した，日本人自体そんな大きな遺伝的な，言いかえるとほかと混血するような大きな要因によらずに生活環境の変化で変わったんだという解釈に重点がおかれていたんですが，

そのシンポジウムの席で，西日本でも北部九州だけに限って非常に大きく変わっているということが，全国の学者に認められたわけです。鈴木先生も確かに変わっている，これはやはり何かほかの要因を考えざるをえないのではないかという発言までされた。

ただ人骨の所属時代はほとんど弥生の前期末から中期なんです。『魏志』倭人伝の時代よりも200年ぐらい遡ると思いますので，これをまず念頭においていただいて議論を進めなければいけないと思います。北部九州だけどうして違ってきたのかということが今後の新しい問題となりました。

そこでそのシンポジウムを司会した京都大学の池田次郎先生は後に『季刊人類学』に，それはヘテローシスすなわち雑種強勢ではなかろうかとの新説を出されました（1981年）。ヘテローシスというのは主に農学関係の品種改良の方で，例えば蚕とかトウモロコシなどで，一代雑種は両親よりも勢力が強くなって，成長も旺盛で，悪い環境にもよく耐える，経験的に雑種の方が純粋な両親より強くなる現象をいいます。しかし，残念なことにこの有用な特性の存続は一代雑種限りなんです。一代雑種を掛け合わせても二代雑種になるという特性が出てこない。一時的なんです。

金関 そうすると，混血があったということは何か弥生時代の初めあたりから日本列島が活気づいてきたという……。

永井 それで雑種強勢——やはりそういう現象が起こるのは，弥生時代になって急に通婚圏が拡大した，それが考えられないかと池田先生は言っておられます。

金関 おもしろいですね。

永井 もう50年も前にスウェーデンの学者が言っているのですが，人間でも同じような現象があったそうです。飢饉があったにもかかわらずある一定の成長率でどんどん背が伸びたわけです。生活環境は悪いのにかかわらず，通婚圏の拡大といいますか，そういうのが起って身長が非常に伸びた時代がある。人間ではなかなか証明しにくいんですが。

金関 先ほど内藤さんが集められた海岸の人骨これは甕棺人骨に比べてどちらかと言えば背が低くて在来的な体質を残しているということですけれども，『魏志』倭人伝に出てくる倭人は沈没して魚蛤をとらえるんですが，背の低い，水の人，内藤さんの考えられている海岸べりの人が倭人として目に映った可能性があるのではないか。それはどうでしょうか。

永井 そんな感じがしますね。例えば末盧とか

伊都とか，あのあたりでまず目に映った日本人の姿態ですね。

金関　もしそれが倭人だとすれば，例えば少し時期は下りますが朝鮮半島南部の礼安里あたりから出た人骨と比べて特色があるでしょうか。

永井　時代が少し下がると思うんです，こっちのものより。まだはっきりした結論が出せるほどの資料ではありません。

金関　身長はたしか礼安里の方が大きいですね。ですから倭人というのはやはり朝鮮半島から日本に渡ったときに，背の低い人たちが海岸で働いていたというのが何か印象にあったと，そういう感じもしますね。

永井　倭人伝の方はそういう感じがします。しかし考古学や人類学の成果とにらみ合わせて，いろいろな習俗が記載されているのに何故欠落したかなと疑問に思える点も多々あります。弥生の中期には，とにかくこれだけ大量に甕棺が使われているんですが，このことはおくびにも出てきません。家をつくるとかそういうのは出てきますけれども。時代が下がるからかなと思っております。

金関　人間と言えば『魏志』の東夷伝の韓伝に馬韓の西海中の大島に特別な人々が住んでいて，言葉も違うのだという記事があります。ですから朝鮮半島でも内陸と，あるいは多島海などの島嶼部では多少体質的に違うと……。

永井　そういうことは大いに考えられると思います。それから，まだわれわれの方で不可解に思っているのは抜歯の風習のことが全然書いてないことです。九州沿海の在来タイプの当時の弥生人には抜歯があるんです。これは弥生以降も存続した可能性が大いにあるのですが……。

金関　蓋然性がありますね。

永井　ところが甕棺人骨にはいままで一生懸命探しましたが極めてまれなのです。1,000体の中にわずか1，2例といった工合で，ないと言ってもよいくらいの頻度です。

金関　礼安里の人骨に抜歯の疑いがあるということを聞いたことがあります。

永井　それから私の手掛けた貝製品の装飾品のことも出てきませんね。真珠は書いてありますけどもね。しかし，いろんな習俗では何か南シナ的な風習を好んで書いているように思います。倭人伝の記載にある程度符合するようなことといえば，朱・丹を使っているということです。確かに弥生の人骨は後の古墳時代人骨もそうですが，ほとんど半分ぐらいは顔面が赤く染まって出土します。朱を塗ったと書いてあるんですけど，あれは埋葬時に塗ったのか，あるいは粉をふりかけたの

かわかりません。顔面骨あたりがとくに赤いということは……。

金関　着彩している。

永井　確かにそういうことも考えられます。

金関　いま九州と東国というふうな違いでお話いただいたんですけれども，畿内と九州とにしぼれば，例えば大阪府国府の人骨なんかと九州あたりとを比べて何か言えますでしょうか。

永井　国府の人骨には少し弥生のものがありますね。あれは初めは大体縄文の人骨と思って掘ったと思います。

金関　後で鎌木義昌先生が掘られたときに，弥生の層から明らかに骨が出てきました。

永井　それは大体瀬戸内海沿岸の弥生時代の，どちらかというとやはり在来的な……。

金関　しかし国府ではずい分背の高い人骨も出土しています。

永井　「長すね彦」などと当時問題になりましたが，まだ数は少ないでしょう。

金関　少なかったと思います。そういう意味で卑弥呼が果たして畿内の人であったか，九州の人であったかというのは何とも決定し得ないんですが……。

永井　私の方からではそういうところはまだ全然問題になるような状態ではないんです。

金関　一応東日本と対立する西日本の弥生人だったとして，人種とは統計的概念だといわれますけれども，そういう統計的概念で構成した卑弥呼，つまり弥生の女性像というのは大体どういうものだと考えておられますか。例えば顴骨が高いとか，目が吊り上がっているとか……。

永井　「鬼道に事え」とありますね。土着的な人間だけそういう鬼道を行なったわけではないと思うんですけれども，その他の記載なんかを見ますと，やはり卑弥呼は在来系の女性ではないかという感じを私はもっています。

金関　そうしますと，平均身長は女性であればどのくらいですか。

永井　男性で150cm台の後半，155から160の間ぐらいです。女性は10cmぐらい違いますから140cm台の後半ですね。

金関　わり合小さいですね。いまの標準で言えば，頭は丸いですか，長いですか。

永井　上から見た頭の形ですが，あのころは大体そんなに丸くないです。中頭形ですね。

金関　鼻根部はどうでしょうか。

永井　甕棺の人骨は別として，在来のタイプはやはり引っ込んでいます。

金関　それから鼻幅は……。

永井　顔が短いのに比べて広いですね。

金関　額は低い……。

永井　低いというか，生え際まではわからないです。

金関　今までもしばしば人類学者が卑弥呼に言及してきておりますので，やはり永井先生のご見解を伺っておきたいと思ったんです。

在来系とすればそうですけれども，もしも外来系の長身タイプだとすれば，ちょうどこれと反対ですね。

永井　女性では身長が 150 cm 台の前半になります。当時でもある程度地域的な差が一応あるんですけれども，その地域的な差が遺伝的な差を表わしているのか，そこのところをもう少し詰めなければならないんです。

金関　倭国にはずい分多くの国名があがっていますけれども，それらの国々でそれぞれ人種的な統計数値が違うとか違わないとかということは，資料が不十分なのでまだ何とも言えないということですね。

永井　そうですね。考古学の資料の豊富さに比べたら，われわれの方は出てくるのが非常に限られています。その中で何か物を言えとおっしゃるんですから……。

金関　邪馬台国の東方には侏儒国，裸国，黒歯国といった国があげられています。これらは国名に漢字をあてたものではなく，その住民の形質か習俗を暗示する名をもっています。それらについて民族学的，人類学的に何か考えられますか。

永井　ここから南には琉球列島はありますし，台湾はあるし，台湾は原住民ですよね。それからフィリピン，われわれが読んでいるとそういった国がやはり浮かんできますね。

金関　三品彰英先生は歯が黒いということはビンロウをかんでいたであろうと推定し，国分直一先生はビンロウを嗜む人々の居住地で日本に近いのは台湾南部であろう。そのあたりに黒歯国を想定してよいと考えておられます。

永井　日本でも涅歯の風習が江戸時代ぐらいまであったわけですからね。

金関　それはいつまで遡れますか。

永井　文献的には平安までたどれるでしょうか。歯のほうからなお古く遡れるかもしれません。じっくり精査した上でないと……。

金関　九州の人骨にはまだ証跡はありませんか。島五郎先生は大阪府大籔古墳出土人骨の歯にその痕跡を認めておられます。

永井　まだ確かにそうと言われるようなのはありません。あるとしたらやはり海岸地帯の人骨でしょう。

5 宗 教 と 習 俗

金関　先ほど卑弥呼が鬼道に仕える，あるいは鬼道を事とするということがありました。邪馬台国の宗教あるいは習俗について，山尾先生何かコメントがありましたら……。

山尾　「鬼道」を道教とされる 重 松明久さんなんかのお考えがありますね。道教の仙術の修行では，径 9 寸以上の大鏡は妖怪変化を退けるという意味があるものらしくて，それに剣も昇天して神仙になるのに必要な道具なのですね。福永光司さんの論文で詳しく論じられ ています。ただ『魏志』には高句麗や馬韓の農耕祭祀も「鬼神」とされていますし，どうなんでしょうか。5 世紀の後半ごろから 7 世紀末ぐらいまでは，系統的に民間道教らしいものがたどれると思うんですが。ですからやはりあれは何か宗教的な統合というか，倭国の乱の結果，乱にかかわった各地の守護神を統合したのだと思っているんです。

それとともに鏡を仮に畿内の勢力が分与したとすると，やはりこれは宗教を共有しているというふうに考えるのがいいのではないかと 思 うんです。

金関　同じイディオロギーをもっていないと効力がないわけですね。

山尾　ですから，地方の信仰や祭祀と全く矛盾せずに，首長層によって重層的に畿内の宗教が受け入れられる。卑弥呼の宮殿があって，そこに各地から仮にいうなら愛知県あたりから山口県あたりまで，地元では姫などと呼ばれているような人がお供を連れて三輪山あたりへ来て，大きな巫女集団を形成している。要するに，そういう形で守護神を共有することによってその祭に使う道具も分与されていく。

その場合に，その宗教が具体的に何かというのは非常に大きな問題ですけれども，鏡を主に考えるとすると，太陽に関する信仰ということになるでしょうね。ただ弥生時代中期の畿内に，太陽信仰が普遍的であったと考えられるかどうかはちょっと問題だと思うんです。日光の信仰というのはやはり私は外来のものじゃないかと。だから「鬼道」というのを全く外来の道教と考えるんじゃないんですけれども，外来のものを核にして，在来の，統合されるほどに共通性があった銅鐸祭祀，大地の信仰が統合された。そんなことではどうでしょうか。

先ほどお話にでた纒向遺跡ですね。各地の土器を持った人たちがやって来ているとすれば，単な

る村というのではなくて，祭祀に関係する宗教的な色彩を想像ですけれども感じているわけです。石野博信さんも確かそのように……。

金関 中米のアズテックあたりで大きな神殿が建てられた時期に，各地の土器がその周辺に集まった状況が見られる。それは神殿をつくるために各地から人々が狩り出されてきたことを示すのだという話を読んだ記憶があります。纒向の場合，古墳をつくるというために集められたかもしれません。戦争のためかもしれませんし，また祭祀のためということもあるかもしれません。

山尾 ヤマト政権が伊勢で太陽祭祀をやるのは5世紀の後半，雄略朝ごろに始まるらしくて，岡田精司さんが言われるようにどこかから祭場が移されるのですね。それまではどこでヤマト政権の最高守護神を祭っていたかというと，伝承史料の検討をふまえる限り，やはり三輪山から伊勢へ移されたとしなければならないでしょう。伊勢で太陽神を祭るのは斎王ですね。ですから，斎王の前身が三輪山の麓あたりでヤマト政権の最高守護神に仕えておったというのはかなり長く続いているのではないか。

金関 鬼道は重松明久さんが触れておられますように，『魏志』の張魯伝にも出てまいりますね。五斗米道に属し，この場合は明らかに道教の一派ですね。

山尾 張魯が「鬼道」をもって民を教化した。「師君」と号す，ですか。あれは道教です。だけれども韓伝にも5月に種をまいて10月には収穫して鬼神を祭るとか，諸国に別邑があって鬼神に仕えているとかもあるのです。

ですから，鬼神とか鬼道とか文字通り直訳しても始まらないので，日本の宗教史上どういう変化があったかということでしょう。

金関 私は前から言っているんですけれども，韓伝のあの記事は非常におもしろくて，あそこに出てきます蘇塗とよばれる祭場には木を立てそれに鈴鼓をかけるという習俗があります。それは日本の弥生時代には移されていて，あの鈴が日本では銅鐸に発展していくんだと考えられます。もっとも韓伝では聖庇所としての意義が強調されていますが，恐らくその複合体は稲作とともに北部九州に伝えられ，北部九州を通じて畿内にも伝播し，弥生の一番重要な祭儀は韓伝の蘇塗的な祭場で行なわれたと思います。そうした祭場の近くに銅鐸も埋納されたりしたのではないでしょうか。その聖域の中心には恐らく2棟の高床の倉庫のようなものがあって，そこに木造の鬼神像が納められて，それを祀る部族的な祭儀があったであろ

う。そういう祭儀が各地にあったものを統合したのが卑弥呼であったろうというふうに考えています。

その場合，むしろ祭器としては，銅鐸が大きく物を言いまして，鏡は私のアイデアには余り浮かび上がってこないんです。

山尾 ただ，2世紀の末に卑弥呼が共立されますね。あれを仮に初代の女性最高司祭者の地位につけたと理解するならば，銅鐸というのはその祭に統合された古い宗教の儀器のような気がするんです。新しい宗教というのはむしろ古墳時代につながる鏡の宗教ですね。

金関 私は卑弥呼がそういう祭儀を統一し，ハイプリーストになって，卑弥呼が亡くなったときに卑弥呼自身がその祭場に埋められた，その祭場のプランが前方後円型であろうというふうに考えているのです。

といいますのは，そういう祭についてはただ『魏志』に伝えられているだけではなくて，恐らくそれに由来すると想像される例がシベリアのエベンキ人の間にもあります。その祭場の形そのものが大体前方後円型あるいは双方中円形をしています。それに関連する文化要素がいまでも残っていますが，弥生の文化要素に近いものが見られます。

祭場が王墓に転化するという点では小野山節さんの教示によれば，ヘンリー・フランクフォートの説があります。それはピラミッドの前身のマスターバが実はエジプト起源ではなくてメソポタミアに起源をもち，メソポタミアでは神殿であったものがエジプトではお墓に転化するという考えです。そしてメソポタミアで王と言えば，人間の中の一番偉い人が王だけれども，エジプトでは王は神である，王自身が神である，という観念の転化があげられています。そういうことに乗っかれば恐らく卑弥呼の死を転機として1つの神観念の変化，王者が神になるという，何かそういうものが浮かび上がるのではないかと思うのですけれどもいかがでしょうか。

山尾 卑弥呼の場合は生涯結婚せず，最高神の妻として仕えている。ですから，その最高神は男という性別をもっているわけです。女性が司祭者です。そしてまた意志ももっている。その女性の口を借りて意志を述べるわけです。また「男弟」は神の意志で俗権を執行している。つまりこの神は人間世界に君臨している。だから堀一郎さんがいわれるヒトガミです。

金関 そう簡単には神になれない……。

山尾 大変神聖視されてはいますが，本質的に

は神の妻でしょうね。

6 東アジアの情勢

金関 さて，邪馬台国と同時代の東アジア全体を見渡して，何かトピックはないでしょうか。

岡崎 銅鐸の問題ですね。銅鐸が九州で鋳造されたことは最近明らかになりましたが，これは韓国から小銅鐸が銅剣・銅矛などと一緒に入ってきて，それをまず九州で鋳造するわけです。そして小銅鐸の段階を経て銅鐸に進む。小銅鐸が銅鐸へ進む時期にもう1時期ぐらいはあるというんだけれども，九州で銅剣・銅矛と一緒に小銅鐸を写したことは大体間違いないと思います。それを今度は畿内にもっていった。九州ではどうも銅鐸が弥生の一番最後まで続いていない。ところが関西では銅鐸をどんどんつくりまして，銅鐸が祭の一番重要な対象になる。だから関西の場合，鉄器が進まないとかいろいろなことを言われますけれども，銅鐸の分量から言いますと，こちらの銅剣・銅矛よりはるかに多いです。

金関 使った銅の量で言えば……。

岡崎 銅の量で言えばね。だから弥生後期3世紀の段階でどっちが文化が進んでいるというようなことは簡単に言えないところがある。銅鐸圏というものが関西を中心としてありまして，山陰から東海地域，あるいは信州まで含むんですから，銅鐸のバックというものは考えなければならないと思います。それをどういうふうに考えるかということは今後の問題です。

銅鐸は各地に点々としてあるわけですが，はじめは兵庫県ぐらいが中心です。しかし後期までどうなのか。銅剣・銅矛の場合は九州の弥生中期では土器（甕棺）と一緒に出ます。銅鐸は土器と一緒に出ないのですが，今後は多少でも出る場合を考えておかなければいけないし重要な問題です。

金関 銅鐸は材料が問題になると思うんですけれども，材料については国産説もあります。しかし最近化学の先生方が鉛の同位体の成分比をずい分詳しくお調べになって，ほとんどが日本以外の銅を使っているであろう，恐らく中国の銅であろうという結論を出されたんですが，多量の銅がどういうふうにして供給されたとお考えでしょうか。

岡崎 それはまだわからないですね。

金関 製品を鋳つぶしたというふうな考え方，それともインゴットとして銅が輸入されたと考えた方がいいんでしょうか。

岡崎 インゴットとして発掘されるのは非常に少ないですからね。恐らく製品の形で入ってき

三遠式銅鐸（出土地不詳）

て，それをつぶす方がつくりやすいでしょうね。

金関 とすれば，東アジアで何かそのころ銅の過剰供給があって，そういうものが流れてきたと考えられるんでしょうか。貨泉などが材料として考えられるという人もあるようですが……。

岡崎 広矛が愛媛県，それから高知県にも入っています。讃岐になると途端に少なくなってしまう。しかし，弥生の一番最後の段階では畿内を中心に銅鐸が圧倒的ですね。平形銅剣も最初は九州にありますが，その後畿内で鋳造が始まりますから今度は畿内から九州へ来る。だから広矛なんかも場合によっては銅鐸につくり直したかもしれない……。

山尾 三遠式の銅鐸というのは近畿式の銅鐸と信仰のベースは共通していると思うんですけれども，近畿で2世紀末に銅鏡祭祀をとり入れた後の三遠式の銅鐸というのは，何か宗教勢力としての対立とかそういうことまで考えることができるんでしょうか。それは考えすぎですか。

岡崎 いまのところ，そこまではっきり言えるかどうかは問題ですけどもね。

山尾 あそこにとにかく1つの大きな中心があるわけでしょう。

金関 宗教勢力の対立か，ただ工房の伝統が分かれて固定したためか，その辺はよくわかりません。

岡崎 やはり神の代理の卑弥呼の使いが大陸へ出かけまして絹織物や鏡を獲得して，そちらの方が重点になってしまうわけです。そうすると，恐らく銅鐸なんかはそれから先は考えなくなってしまうんでしょうね。それからだんだん変わってくるでしょうね。

金関 弥生時代と言えば長い日本の歴史の中で

25

日本人が初めて大陸の存在を意識し，以後恒常的に関係をもち出す時代なんですけれども，大雑把に言ってそのころの大陸の情勢というのはどういうふうなことなんでしょうか。

　山尾　三国時代で一番最後まで覇権を競ったのは江南の呉と華北の魏ですからね。呉というのは相当積極的に魏の周りと交流を重ねています。それだけでなく南の方，台湾とか福建省とか済州島あたりまで行こうとしている。それは生口を獲得するんです。兵士にするんでしょうか。そして呉は遼東の公孫氏と積極的に交流をもっていて，魏を挟み撃ちにしようとしています。高句麗とも交渉をもっていますしね。邪馬台国と関係をもっている国ではないかもしれませんが，呉との交流はあったのではないか。呉の鏡も出ていますね。

　岡崎　呉の鏡は山梨県から1面，兵庫県から1面出ています。ただその鏡が呉に渡ってきたものか，その後に来たものかはわかりません。

　もう1つ，最近中国で魏の曹操の家系の墓が発見されました。魏の曹操の墓のことは『水経注』という書物に書いてあります。その墓が安徽省の亳県というところで発見されました（『文物』1978—8）が，その墓をつくる塼の部分に「倭人」という文字があると書いています。それに曹操の家系の中に「会稽」「会稽太守」というのがある。だから会稽郡は倭と関係があるに違いないという論文も出ています。

　文字塼は拓本が出ています（『文物資料叢刊』2，1978）が読んでみるとちょっと疑問がある。やはり賛否両論で，まだその材料をつかむまでにはいかないですね。

　山尾　私も不鮮明な写真しか見ていないんですが，どうもあれは「倭」の異体みたいですね。「倭人有りて従うの時盟うや否や」……。

　岡崎　あの材料を使って呉と関係があったということを書いている論文も日本にありますが，まだ問題を残しています。

　金関　呉の方がそういうふうに公孫氏や高句麗にも力を伸ばしたとすれば，当然日本とも接触を図ったでしょうね。

7　畿内と九州

　金関　今日は大変おもしろい話を伺ったのですが，最後に畿内と北部九州ということでコメントをいただきたいと思います。岡崎先生は邪馬台国の所在地ということではどうお考えですか。

　岡崎　九州だけでも30ヵ所ぐらい邪馬台国が立候補しています。ただ，どちらに可能性が多いかということは，文献だけでは決して決めること

ができないのです。文献というのは方位自体が出てくるんですけれども，あの方位をそのまま読むと，九州の東南ぐらいの大海中に入ってしまいます。だからその時の状況を2世紀，3世紀，4世紀とその問題をはっきりさせなければいけない。弥生の後期でも一番最初と最後では大きな変化がある。銅鐸の場合でも，いつ終息するかということもまだはっきりわからないんです。4世紀まで続くのか，あるいは3世紀で終わるのか，そういうことが決まらないと，最終的にここということが言えないんです。

　もう1つはよく「邪馬台国時代」といわれますが，これでは邪馬台国が中央集権的な感じを受けるんですが，邪馬台国というのは決してそんな時代ではないんです。弥生の中期から後期の初めには大陸のものが来ていますから畿内の人々が九州に1つのポイントを持ちまして，そして大陸とつないで大陸の物を獲得しようとした努力があるようです。しかしまだ決して統一国家ということを考える必要はないんです。

　金関　山尾先生は昔からはっきりと大和にありと言われておられますが，考古学者に注文がありましたら……。

　山尾　ヤマト政権が西日本を統合していくのは6，7世紀に進められる事業です。その前の時代は，それぞれ独自性と交流とをもちながら，しかも中国の王朝から倭人種族全体を正当に代表する唯一の人物として認知されている倭王に結集していくという形が基本です。畿内説というのはどうも『古事記』や『日本書紀』とくっつけたがりますので，非常に早くから統一されていたように言いますけれども，それは非常に問題があって，7世紀の後半に初めてできた制度を4世紀からあったようなことを考えてしまう。ですからこのような『魏志』倭人伝を『古事記』『日本書紀』で解釈するような考え方での畿内説は変えなければいけないのです。

　いまも申しておるように，基本的に5世紀までは，畿内首長国連合を中心とした西日本のいくつかの首長国やその連合体の結集と考えておりまして，その結集の紐帯は5世紀代には軍事的な性質が強くなりますけれども，3世紀代にはやはり宗教が基本ではないかと思うんです。

　そういう点で，考古資料の理解に，もう少し人間の価値観念を読みとっていくような，そういう理解が今後進められたらと思っています。

　金関　どうもありがとうございました。

（了）

特集● 邪馬台国を考古学する

『魏志』倭人伝時代の北部九州

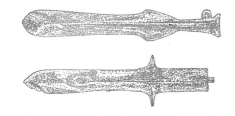

『魏志』倭人伝に邪馬台国が登場するころ——つまり弥生時代後期3世紀の時代において北部九州はどんな情況にあったろうか

自然環境／生産／集落／社会・生活

北部九州の自然環境

北九州大学教授
■ 畑中健一
（はたなか・けんいち）

倭人伝時代の北部九州は照葉樹林が破壊され，その代償植生としてマツ属を主とした二次林が急速に広がる植生の変換期にあたる

1 花粉分析からみた縄文時代の植生変遷

縄文文化は後氷期（完新世）の気候変化や植生変遷と密接なかかわりをもちながら推移発展したと考えられる。照葉樹林文化ということばをしばしば耳にするが，この照葉樹林の歴史や地域性については未だ十分解明されたとはいえない。しかし最近では各地のボーリング試料や遺跡の発掘現場から得られた堆積物の花粉分析，植物遺体の研究結果から古植生を復元する資料はしだいに蓄積されつつある。『魏志』倭人伝時代の環境について考察する前に，北部九州の縄文時代の植生変遷を福岡平野の花粉分析結果[1]を中心に概説しておこう。

縄文早期（10,500—6,900年B.P.）[2]

縄文早期は中村[3]，塚田[4]らの花粉帯 RⅠ～RⅡ前期に対比される時代で，気候的には冷涼な晩氷期から後氷期の温暖期に向かう推移期に相当する。福岡[1]，大分[5]，熊本（畑中，未発表）の分析結果についてみると，エノキ・ムクノキ，ニレ・ケヤキ，クマシデの各属やコナラ亜属などの落葉広葉樹が優勢である。ブナ属とカバノキ属は縄文早期初頭にほぼ消滅，これに代わって10,000年B.P.頃から常緑カシ類（アカガシ亜属）とシイノキ属が出現し始めるが，出現率は低い。安田[6]は

縄文草創期に相当する11,500年B.P.頃九州西部島原半島の低地一帯に照葉樹林が発達していたとしている。しかし島原半島とは直線距離にしてわずか40kmの位置にある熊本平野の晩氷期の植生は温帯落葉樹林で，ブナやトウヒ属が数パーセントも出現するし，福岡平野でもカバノキ属やハンノキ属の出現率が高い。

縄文前期（6,900—4,500年B.P.）

照葉樹林の発達期から安定期に相当する。福岡平野では約8,000年B.P.から暖温帯要素のシイ，カシ類が安定した増加に転じ，その後気候の温暖化とともにマキノキ属やヤマモモ属を伴って6,000年B.P.頃最盛期に達する。一方，縄文早期に優占した落葉樹はこの時代にいちじるしく衰退もしくは消滅する。福岡とほぼ似た植生変化は大分や熊本平野でも認められるが，両地とも福岡に比べてシイノキ属が異常に少ない。この傾向はとくに大分平野でいちじるしく，シイノキ属の出現率は後氷期を通じて4％をこえることはない。

縄文中期～晩期（4,500～2,550年B.P.）

花粉分析の編年ではRⅢa時代に対比される。縄文後期～弥生時代は，ヨーロッパのサブボレアルからサブアトランティック期に対比される冷湿な時代とされている。こうした気候の悪化に起因すると考えられる照葉樹林の後退，二次林や荒地

27

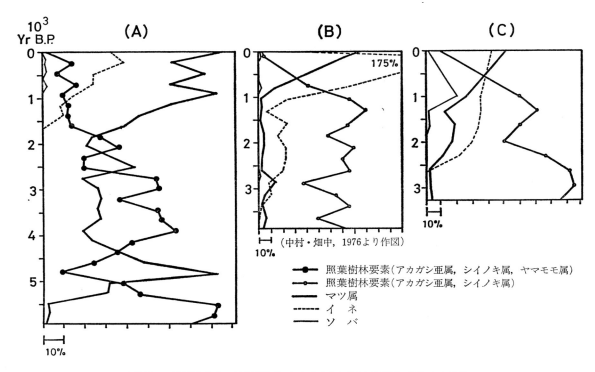

上対馬田ノ浜湿原（A），板付遺跡（B）および北九州市長行遺跡（C）における
照葉樹林要素，マツ属，イネ，ソバ花粉の出現頻度

植物の増加は板付遺跡[7]や遠賀川流域の水田下の堆積物の分析結果[8]についても認められる。中村[9)10]はこのような植生破壊は 3,000 年 B.P. 頃にあったとして，これを「一時的植生破壊期」と呼んでいる。このように縄文中期以降になると，気候の冷涼化によって照葉樹林の後退傾向がみられるものの，北部九州における森林植生の中核はいぜんとしてシイ・カシ類を主とした暖温帯林であった。

2 『魏志』倭人伝時代の環境

縄文時代の植生変化は前章で概説したが，卑弥呼が君臨していたといわれる弥生後期3世紀頃の環境はどうであったろうか。

6,000～5,000 年 B.P. の気候最良期（climatic optimum）以降気候はしだいに冷涼化してきた。この低温傾向は弥生時代まで続いている。したがって『魏志』倭人伝時代は明らかに現在よりやや冷涼な気候であったと考えられる。

ここでは北部九州3地点の花粉分析結果を比較してみよう。図は上対馬田ノ浜湿原（A），板付遺跡（B），北九州市長行遺跡（C）における照葉樹林要素，マツ属，イネ，ソバの出現率を示したも

のである。図の絶対年代は，一定深度の ¹⁴C 年代測定値から，堆積速度が一定であったと仮定して比例計算によって求めたので，ある程度の誤差はまぬがれ得ない。

田ノ浜湿原：上対馬西岸にあるアシ湿原で，近くには志多留貝塚（縄文後期）がある。マツ属は弥生時代以前からかなり高率に出現するが，これは海岸に多いクロマツに由来するものであろう。照葉樹林要素とマツ属の交代期は約 2,000 年 B.P. であり，また約 800 年 B.P. 以降になるとソバが連続的に出現する。

板付遺跡：J-23 トレンチの分析結果[7]についてみると，1,500 年 B.P. 頃までは照葉樹林要素が圧倒的に優勢で，マツ属の出現率はきわめて低い。イネは夜臼式土器包含層以下の層準からも検出される。¹⁴C 年代測定値から推定すると，イネ花粉の最初の出現年代は 3,700 年 B.P. にまでさかのぼることになるが，中村[9]は，土層の攪乱，花粉化石の上層から下層への移動などの条件を考慮して，板付における稲作の確実な開始期は 3,200 年 B.P. 前後と推定している。古墳時代以降の照葉樹林のいちじるしい衰退と，マツ属二次林の拡大は図に明らかなとおりである。また，ソバは

2,800年B.P.頃に出現し，これと前後してマクワウリも散発的に出現する。

長行遺跡：照葉樹林はイネの栽培開始と前後して衰退に転じる。この森林破壊も2,000年B.P.頃から恢復に向かうが，板付遺跡と同様に1,500年B.P.頃から再び急激に減少し始め，マツ属二次林と交代する。ソバの栽培は1,800年B.P.頃にはじまっている。

以上3地点の花粉分析結果についてみたが，北部九州において森林破壊が急速に拡大するのは弥生時代以降とみてよい。板付では夜臼式土器文化期以前に稲作が始まったと推定されるが，照葉樹林の決定的破壊は古墳時代以降である。これは疑う余地もなく稲作の発展，集落の拡大，弥生後期からの鉄器の普及による人為破壊力の増大によるものと推測されるが，卑弥呼の時代はまさにうっそうと繁る照葉樹林が次々に破壊され，その代償植生としてマツ属を主とした二次林が急速に拡がる植生の一大変換期に相当する。さらに縄文中期以降の気候の冷涼化は海水面の低下（弥生海退）をもたらした。玄界灘に面した海岸では沿岸州や砂丘（玄海砂丘）が発達し，自然堤防は河口部を堰止めて後背の低地一帯にラグーンや湿地を形成した。遠賀川下流域の水田下数メートルにはソーラ層とよばれる泥炭が広く分布しているが，これはまぎれもなく縄文中期から弥生の海退期にかけて形成された"豊葦原(とよあしはら)"の名残りである。すでに中村[10]が指摘したように，海退に伴って形成された海岸の後背湿地帯が稲作を受容し発展させる基盤になったことは疑う余地がない。

3 照葉樹林と焼畑

水田稲作を基盤とした弥生文化も，照葉樹林がうっそうと繁る環境の中で出発したことはすでに述べた。イネはもともと熱帯原産の作物である。それが日本へもたらされたとしても，縄文晩期頃の気候は現在より冷涼で，イネの栽培に好適な環境とはいえず，作柄も不安定であったと考えられる。したがって，当時はまだ野生の動植物に依存した縄文時代の採集経済も重要な位置を占めていたにちがいない。それでは照葉樹林の中で食糧として期待できる資源はどのようなものが考えられるであろうか。

照葉樹林の主な構成種はいうまでもなくブナ科の常緑広葉樹で，食糧としての利用が考えられる堅果類（ドングリ）としては，シイ（スダジイ・コジイ），アラカシ，アカガシ，シラカシ，ウラジロガシ，イチイガシ，シリブカガシ，マテバシイなどをあげることができる。これらのうちアラカシは北九州の丘陵帯に最も普通にみられるが，いわゆる気候的極盛相林の構成種とはいえず，二次林として分布を広げたものである。マテバシイは九州西部の海岸に群落が発達しているが，一説には旧松浦藩が救荒植物として栽培を奨励したことによると考えられている[11]。アカガシ，シラカシ，ウラジロガシは上部常緑樹林帯に生育し，低地・丘陵地には少ない。シリブカガシは群落をつくることは少なく，単木としてみられるにすぎない。

こうしてみると，弥生時代に丘陵帯の森林で容易にしかも大量に採集することができたと考えられる堅果類は，シイとイチイガシくらいに限られてしまう。

ところで，福岡市およびその近郊の遺跡から出土した植物遺体については，大阪市立大学の粉川昭平教授によって詳しい研究が行なわれている。それによるとイチイガシの堅果は板付をはじめ鶴町，四箇，瑞穂，辻田，門田の各遺跡から検出されている。四箇遺跡のJ-10f地点ではイチイガシのドングリが253個出土し，殻斗も多いにもかかわらず他のドングリ類は発見されていない[12]。また春日市門田遺跡ではドングリを貯蔵した竪穴11基が発掘され，10号竪穴からはイチイガシの堅果が5斗1升1合も出土している。佐賀県西有田遺

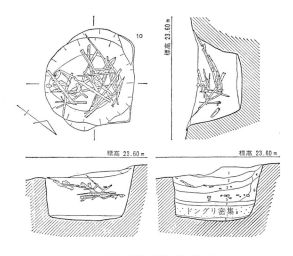

春日市門田遺跡谷地区 10号竪穴
（福岡県教育委員会『山陽新幹線関係埋蔵文化財調査報告』11, 1979より）

跡でも9基の貯蔵坑の中からシイに混じって多量のイチイガシが出土している。

周知のようにシイやイチイガシの堅果はアクがなく生食もできるので食糧として意識的に選んだものと考えられる。このように豊かな自然を彷彿させる照葉樹林も、そのイメージとはうらはらに、食糧としての利用が期待できる資源についてみると、その多様性においても、生産量においても東北日本の落葉広葉樹林の比ではない。すでに安田[13]が指摘したように、西日本における縄文文化の後進性は、資源にとぼしい照葉樹林のこうした特性に起因していると考えられる。堅果類以外のでん粉資源としてヤマノイモ、クズ、ワラビなどの利用が考えられるが、これらの植物はもともと照葉樹林の中に生育する種ではなく、後世に至って二次林の中にマント群落として増加したとみるのが自然であろう。

さて、最後に焼畑の問題について簡単に触れておこう。昨今「稲作以前」の農耕が論議されているが、少なくとも北部九州においては水稲耕作に先行して焼畑が行なわれていた証拠はきわめてとぼしいように考えられる。すでにみてきたように、照葉樹林のいちじるしい破壊は稲作の開始と前後して始まっている。もし水田稲作以前に焼畑があったとすれば、森林破壊はイネ花粉の出現期以前の花粉フロラに反映されてもよさそうに思われる。ソバは焼畑で栽培される作物の中で重要な位置を占めている[14]。にもかかわらず西日本各地の遺跡についてみると、ソバ花粉の出現期がイネに先行する例はみられない。板付遺跡では2,800年B.P.頃にソバが出現するが、それでもイネに先行することはなく、その後の出現も至って散発的である（図B）。

焼畑農耕についての花粉学からのアプローチはきわめて困難であるが、水田稲作以前の焼畑農耕については多くの検討課題が残されているといわざるを得ない。

板付とともに注目を集めている唐津市菜畑遺跡について、中島[15]はつぎのように述べている。「菜畑遺跡では縄文晩期後半（山ノ寺式期）に、すでに水稲農耕をおこなっていたとするにじゅうぶ

んの資料をえたと考えており、一部でいわれているごとく、水稲・陸稲未分化品種のコメを、一部をオカボとしてまた他を湿地に栽培したていどではないと考えている」と。

邪馬台国をどこに比定するかの論議は別にしても、水田稲作文化を最初に受容し発展させた人々こそ邪馬台国の担い手であったに違いない。

註
1) Kuroda, T. and Hatanaka, K.: Palynological study of the Late Quaternry of the coastal plain of Hakata Bay, in Fukuoka City, Northern Kyushu, Japan. Quat. Res. Japan, 18, p. 53-65, 1979
2) 縄文時代各時期の年代は、キーリー、C.T.・武藤康弘「縄文時代の年代」（縄文文化の研究、1、雄山閣出版、1982）によった。
3) Nakamura, J.: A comparative study of Japanese pollen records. Res. Rep. Kōchi Univ., 1, p. 1-20, 1952
4) 塚田松雄『古生態学Ⅱ―応用編―』共立出版、1974
5) 畑中健一「花粉分析よりみた北九州周防灘沿岸地域の植生変遷」西瀬戸内地域大規模開発計画調査（建設省）、p. 25-35, 1973
6) 安田喜憲「気候変動」縄文文化の研究、1、1982
7) 中村　純・畑中健一「板付遺跡の花粉分析学的研究」板付、福岡市教育委員会、1976
8) Nakamura, J.: Palynological evidence for recent destruction of natural vegetation. III. Chikuhō Coal field. Ann. Rep. JIBP-CT (P), p. 166-171, 1970
9) 中村　純「稲作の起源をさぐる―花粉分析―」数理科学、170, p. 41-46, 1977
10) 中村　純「花粉からみた縄文から弥生」歴史公論、8―1, p. 71-77, 1982
11) 伊藤秀三「九州西部の自然林と二次林について（予報）」長崎大教養部紀要、自然科学、12, p. 49-57, 1971
12) 粉川昭平「福岡市四箇遺跡 J-10 区出土の種子について」四箇周辺遺跡調査報告書（1）、福岡市教育委員会、1977
13) 安田喜憲『環境考古学事始』NHK ブックス、1980
14) 佐々木高明『稲作以前』NHK ブックス、1971
15) 中島直幸「唐津市菜畑遺跡の水田跡・農工具」歴史公論、8―1, p. 40-50, 1982

北部九州の生産

平安博物館
下條信行
（しもじょう・のぶゆき）

北部九州の武器形祭器，銅鐸・銅釧の生産は福岡平野を中心
に行なわれた。また鉄器は鉄素材の鍛錬加工が中心であった

1 青銅器の生産

北部九州の弥生後期の国産と思われる青銅器には，銅矛，銅戈，銅剣，銅鐸，銅釧，小形連弧文鏡，巴形銅器，銅鏃，銅鋤先などがある。このうち銅矛，銅戈，銅剣，銅鐸，銅釧は鋳型が発見されていて，鋳造によったものであることが明らかであるが，残余の青銅器も鋳造製品と考えてよく，北部九州の青銅器生産は鋳造青銅器の世界と考えてよい。

朝鮮半島のこの期の青銅器はいずれも鋳造製品であり，北部九州の青銅器もその系譜の上に製作されたものとみてよかろう。

北部九州で青銅器の生産（製作）が開始されるのは，鋳型の初現期をその目安とすると弥生中期中～後半（九州編年）の頃である。これを第Ⅰ段階とすると，この期の良好な資料を提供しているのは福岡県春日市大谷遺跡である。この遺跡では低丘陵に営なまれた竪穴住居址の内外から銅矛，銅戈，銅剣，銅鐸の四種の鋳型を出土した。銅矛は中細・中広，銅戈は中細，銅剣は細形，銅鐸は朝鮮式の小銅鐸であった。時期が新しい中広銅矛を除くと，他はいずれも軟質の片麻岩を鋳型の石材に使っており，これは朝鮮半島の青銅器鋳型が滑石であるのと相通じている。こうした材質の類似性や両者の青銅器の形態の近似性からみて，北部九州の初期の青銅器の製作には技術のみならず，朝鮮青銅器製作工人の渡来も十分に考えられる。春日市須玖岡本四丁目出土の片麻岩の小銅鐸鋳型もこれらと同例に扱ってよいであろう。

第Ⅱ段階は弥生後期前半（畿内第Ⅳ様式相当）の時期である。

鋳型には中広銅矛，中広銅戈，中広銅剣，銅鐸，銅釧があるが，小形連弧文鏡や巴形銅器もこの段階に鋳造されている。

中広銅矛，中広銅戈は全長，幅が誇大化し，それまでの鋭利さからかけ離れて儀器化が顕著になったものである。日本的な祭器としてその特徴を明確にしたものである。これらは北部九州およびその外縁地帯で頻繁に使用されたものであるが，中広銅剣は福岡市東区八田で鋳型が発見されただけで，その製品はいまだ出土していない。鋳型に彫り込まれた剣の形は節帯が突起化し，関の直上には横線を鋳出するなど，瀬戸内海地方に繁栄した平形銅剣の直前形式といえるもので，北部九州よりも内海地域に密接な関連を有するものである。極論すれば内海地域をめざして製作されたものとも言えるのである。

銅鐸は朝鮮式の無文小銅鐸から一転し，鐸身に鳥文，鋸歯文を鋳出する邪視文鐸となり（佐賀県安永田），類品は山陽，山陰の中国地方に出土している。福岡市赤穂ノ浦出土の鹿文，鈎状文をもった銅鐸鋳型はこれの発展形式であろうか。

以上にあげた鋳型は，これに銅釧鋳型を加えて，その石材は砂岩質となり，第Ⅰ段階の片麻岩から一変している。

製品の形態，鋳型の石材はそれまでの朝鮮青銅器の諸影響を脱し，日本的な独自のものに変化してきている。銅鏃の出土量は増加し，銅鋤先も製作され続ける。

第Ⅲ段階は最終段階で，弥生後期後半（畿内第Ⅴ様式相当）の時期に相当する。

鋳型には広形銅矛，広形銅戈があり，小形連弧文鏡，銅鏃，銅鋤先も鋳造されている。巴形銅器，銅釧はもともと出土例が稀例なせいもあって，確実にこの期に属するものを例示することはできないが，その存在は十分に予想される。銅鐸は大分市横尾の出土例もあるので，この期にも朝鮮式小銅鐸の系譜を引く銅鐸が製作されつづけられていた可能性は存在する。日本化した有文鐸の存否については微妙である。

以上，北部九州の国産青銅器製作の流れを概述したが，以下にはこれらの青銅器の生産地と製品の分布を通して，青銅器の生産構造に触れてみよう。

北部九州に最も普遍的に分布し，各地の共同体

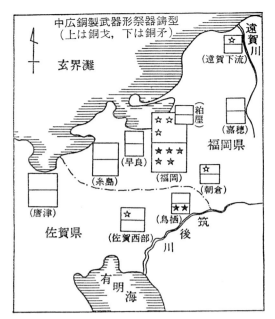
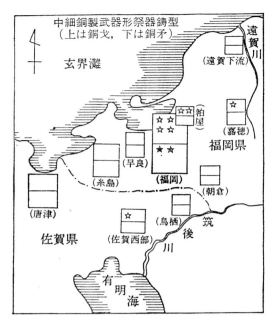
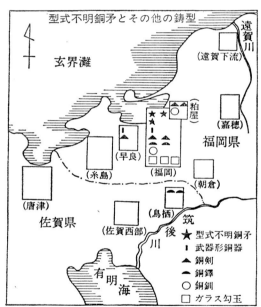
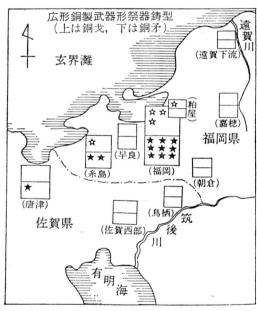

北部九州出土鋳型の時期的分布図（下條「銅矛形祭器の生産と波及」森貞次郎博士古稀記念古文化論集，1982 より）

で頻繁に奉祭された代表的な青銅器は武器形祭器である。

武器形祭器はもともと朝鮮から舶載された細形銅剣，細形銅矛，細形銅戈が肥大化し，日本において儀器として完成したものであるが，北部九州において剣は発達せず，矛，戈が特異に進捗をみせた。中細，中広，広形とそれぞれ冠称がつく銅矛，銅戈がそれである。

これら武器形祭器は北部九州といっても限られた地域で生産され，その生産地は鋳型の出土地によって知ることができるのである。その範囲は北は玄界灘に面した諸平野，東は福岡県の東部を南から北に貫流する遠賀川，西は唐津平野と佐賀平野を結ぶ線，南は筑紫平野で，いわゆる北部九州の先進地帯といわれる地域である。詳細にいえば，玄界灘に面する唐津平野，糸島平野，早良平野，福岡平野，粕屋平野とそれに連接する遠賀川下流域，嘉穂盆地，朝倉平野，佐賀平野などである。

これらの諸平野には，いずれも武器形祭器の鋳型が出土しているが，出土鋳型の種類と組合せによって，二つの地域にわけることができる。一つは銅矛またはそれに銅戈鋳型が組合わさる地域で，唐津，糸島，早良，福岡，粕屋の玄界灘沿岸の諸平野がこれに概当する（A地域）。もう一つは銅戈鋳型のみが出土する地域で，遠賀下流，嘉穂，朝倉，佐賀がこれに属し，前者の平野の後背地として，これらをとりまく位置にある（B地域）。

もっとも粕屋平野には銅矛鋳型は出土していないが，銅戈，銅釧，銅剣と複数の種類の鋳型が数点出土し，将来銅矛鋳型の出土も有力に見込まれる地域である。また佐賀平野の東北端の鳥栖市安永田からは銅矛鋳型が出土しているが，これには邪視文銅鐸の鋳型が伴い，福岡平野と密接な関連を持つ特異な地域と考えている。両者とも福岡平野に直続し，北部九州の青銅器が南・東に伝播する際の交通の要衝でもある。福岡平野の出先工場的役割を荷っていたと考えられる。

A地域のうち，唐津平野は銅矛鋳型1，糸島平野は銅矛鋳型2，銅戈鋳型1であるのに対し，福岡平野は銅矛鋳型16，銅戈鋳型10で圧倒的に福岡平野に鋳型の出土が多く，武器形祭器生産のセンターになっている。唐津，糸島の両平野は福岡平野の補完的役割を占めていたにすぎない。

B地域は遠賀川下流域に銅戈鋳型1，嘉穂盆地同1，朝倉平野同1，佐賀平野同2で，これも北部九州全体からみれば，福岡平野の銅戈生産の補完的役割以上をでていない。

以上のことから，北部九州の武器形祭器の生産は，福岡平野を中心に行なわれたということができる。

ところで，矛と戈はどちらが主要な祭器であったのだろうか。福岡平野の鋳型をみる限り，矛が優勢である。鋳型の出土動向を，各地との関連で，時間の推移とともに見てみると，中細段階では福岡平野が優勢に矛，戈を作るとともに，嘉穂や佐賀平野西部でも若干の戈が鋳造されていた。中広段階も似たような情況で，福岡平野以外の遠賀川下流，朝倉，佐賀平野で戈が作られている。

これが広形段階になるとB地域は武器形祭器の鋳造を終息させ，A地域に集中するようになる。銅器生産はA地域に収斂されてしまったのである。しかもA地域の中においても福岡平野が矛鋳型9，戈鋳型3，糸島平野矛鋳型2，戈鋳型1，

唐津平野矛鋳型1と圧倒的に矛鋳型が優勢だといえるのである。つまり北部九州では，青銅祭器の生産の中心は福岡平野にあり，その中でも矛形祭器が祭器の中心として生産されていたのである。

以上は鋳型からみた上での矛優位論であるが，青銅祭器（製品）の分布と出土量からみても，同様の結論を導きだすことができるのである。

矛尊重の風潮は，青銅器が舶載された段階から認められ，細形銅矛は先述のA地域にしか出土しない。しかも甕棺などに副葬されるに際しても，細形銅戈や剣はしばしば棺外副葬にも供されるのに対し，細形銅矛は常に死者に添えられて，正しく棺内に副葬されている。

このように歴史的にも矛は青銅武器の中心にあり，それが祭器に昇華しても一貫性をもち，北部九州の祭器の主器としての位置を保ちつづけたのである。そしてそれを支えつづけたのは，福岡平野の力であったということができる。

北部九州のシンボルである矛は広範な分布を持っている。北は壱岐，対馬を経て，朝鮮半島南部に広がり，九州内の諸県はもとより，東は愛媛を経て香川県高松市にまで及んでいる。九州内の諸県においては，農耕祭祀との関連が深いが，朝鮮半島南部にいたるコース上のそれや瀬戸内航路上の銅矛は海洋祭祀との関係が深い。こうして銅矛には二面の性格があり，したがって福岡平野を中心とする諸勢力は農，海の二様の社会とかかわる世界を築いていたことを知るのである。北部九州は陸海を有機的に結合させたマルチ的体質を持った集団ということができるのである。

その他の青銅器鋳型としては，銅鐸と銅釧がある。

銅鐸鋳型は朝鮮式小銅鐸鋳型が2遺跡，日本的な有文銅鐸鋳型が2遺跡に出土している。前者は福岡平野の須玖丘陵から出土し，後者は福岡平野の東端の福岡市赤穂ノ浦と佐賀平野の東北端の鳥栖市安永田より出土している。都合4遺跡より出土しているが，うち3遺跡は福岡平野にあり，安永田遺跡も既述のように福岡平野との関連が地理的にも，性格的にも密接なところから考えて，銅鐸製作も福岡平野主導のもとに鋳造されたと考えてよいであろう。

銅釧は福岡平野（春日市須玖）と粕屋平野（福岡市大牟田）から各々1点が出土している。粕屋平野も既述のように福岡平野の出先工場的性格があ

るので，銅釧の鋳造も銅矛や銅鐸と同断に考えて
よいであろう。

鋳型は出土していないが，小形連弧文鏡も注意
すべき青銅器である。北部九州産のこの種の鏡は
北は朝鮮半島から，東は東部瀬戸内や畿内にまで
広がっている。もちろんこの間の九州諸県や壱岐，
対馬に濃厚に分布していることはいうまでもな
い。これほど広域に，またそこそこの量を示す青
銅器は青銅矛に次いでのことである。この鏡は，
中国国内で後漢後半に動乱が起り，倭国への鏡の
供給が不足をきたし，その欠を補うために日本で
製作されたと考えられている。すでに100余面の
鏡が出土しているが，このうち，福岡市弥永原と
対馬のタカマツノダン出土品は同范鏡の可能性が
考えられている。対馬の主要な祭器は武器形青銅
器で，その99％は銅矛である（約100点の武器形
青銅祭器のうち，銅戈はガヤノキ出土の一例だけであ
る）。これらの銅矛はすでに述べたように，福岡
平野で作られ，対馬に運ばれたことから考えて，
この鏡も福岡平野で鋳造され，銅矛とともに対馬
に送られたと考えることができよう。各地出土の
この種の鏡も，対馬と同様に福岡平野産と考えて
大過ないであろう。

2　鉄器の生産

弥生時代に北部九州で製鉄が行なわれたかどう
か決め手になる証拠はない。

長崎県壱岐島原の辻出土の板状鉄や福岡県宗像
郡竜ヶ下遺跡の庄内式期の住居址に伴った鉄鋌な
どは『魏志韓伝』弁辰の条の「国出鉄，韓，濊，
倭皆従取之。諸市買皆用鉄，如中国用銭，又以供
給二郡。」の記事を尊重すれば，朝鮮半島から舶
載された鉄素材とも考えられる。

これまでの弥生時代の出土鉄器を見ると，北部
九州で作られた鉄器に鋳造品はなく，いずれも鉄
素材を鍛錬，加工した鍛造品ばかりである。そう
したものとして，扁平片刃石斧を模した小形の片
刃板状鉄斧が中期初頭にあらわれる（下関市綾羅
木，長崎県里田原）。これは，朝鮮半島に見ないも
ので，日本での加工の可能性が強い。この他，中
期中頃から後半にあらわれる袋状鉄斧，鉄鏃，鉄
戈も北部九州での製作にかかわったものとみてよ
い。

後期前半になると農具の鉄器化が顕著で，鉄板
の両側を折り曲げて，木製鋤身の挿入部とした踏
鋤の先端（鋤先）が現われる。同種の用途を持つ
鋤先は中国戦国時代にすでに出現しているが，こ
れらは鋳造品で，朝鮮半島北部には戦国時代後半
期には伝わっても，その後朝鮮半島には発達せ
ず，日本で考案されたものと考えられる。

鎌も前～中期の石鎌を脱して，この期に鉄器化
する。朝鮮半島では漢の鉄器文化の影響を受けて，
鎌なども限られた地域で鉄器化するが，漢の鉄鎌
の形制を模した曲刃鎌になることが多い。これに
対し，日本の鎌は直刃ないし緩い曲刃で，日本で
製作されたものと考えられる。

工具は鉇や刀子が農具に先行して前期末に現わ
れ，中～後期にも普遍的な工具として存続する。
中期中頃には長方形の鉄板材の上端を両側から折
り曲げ，円形または楕円形の柄挿入用の袋をつく
る袋状鉄斧が現われ，これがこの期には一般的な
鉄斧として普遍化する。この形態の斧も中国や朝
鮮に認められないものである。板状鉄斧は大形化
し，少例ながら存続する。農，工具を問わず，こ
の期は鉄器化が顕著な時期で，住居址などには使
い潰されて形状が不明になった不明鉄器と呼ばれ
る鉄片がしばしば残存している。

武具のうち，素環頭太刀，同刀子，剣，矛は
『魏志倭人伝』の賜物の中にしばしば出現するよ
うに，中国からの舶載品が相当含まれているとみ
てよい。しかし鏃などの一種の消耗品は中期に鉄
器化が起り，以後一部の地域を除いて鉄が普遍的
な材料となり，中国，朝鮮にも見ない形態，材質
であるから日本製品とみられる。

後期後半になると，前半の鉄器がより普及して
存続し，量の増加はみられるが種類の構成はあま
りかわらない。新たには細目の横長の板状鉄の両
端を折り曲げ，そこを柄の挿入口とした摘鎌の先
端部が現われる。これも中国，朝鮮半島には未見
のもので，日本において考案されたものとみてよ
い。

鉄器の流れを石器の消滅を通してネガティブに
みてみると，石庖丁を除いて石鎌，蛤刃石斧，抉
入石斧，扁平片刃石斧，石鏃などは中期をもって
主要な役割は終焉を迎えている。後期にもその余
映として若干残ることはあっても，急速にその量
を減じ，形態上も中期までほどの規格性をもって
おらず，残滓としての姿を留めるにすぎない。そ
の中にあって，わずかに石庖丁は後期終末まで使
われ続けるのである。

北部九州の集落

九州大学助手
田崎博之
（たさき・ひろゆき）

3世紀代の集落では，弥生時代中期までの伝統的なものの中から，小首長層を中心とする新たな結合関係が芽生えてくる

『魏志』倭人伝の記事から，邪馬台国の時代というと3世紀代にあたるが，考古学の面でどのような段階をいうかは研究者により異なっている。小稿では，後漢末〜三国時代の中国鏡が西新町式土器以降出土することから，3世紀代をほぼ西新町式土器〜有田式土器の段階とする[1]。以下，次表に示した弥生時代終末前の土器編年を用い，弥生時代中期の集落と比較しながら，3世紀代の集落について考えてみたい。

	北 部 九 州		近 畿
弥生時代後期	西新町式土器	古 相	V 様 式（新段階）
		新 相	庄内式土器古相（纒向2式）
古墳時代前期	有田式土器	古 相	庄内式土器新相（纒向3式）
		新 相	布留式土器古相（纒向4式）
	柏田式土器	古 相	
		新 相	

1 北部九州の集落遺跡

赤井手遺跡[2]（福岡県春日市小倉） 福岡平野のほぼ中央を占める春日丘陵の西北端の標高38mの丘陵上に立地し，弥生時代〜歴史時代の竪穴住居跡・掘立柱建物・井戸・土壙などが調査された。弥生時代中期後半の遺構には，円形プランの竪穴住居跡5軒と土壙2基があり，広場と考えられる空白地区を中心として営まれる。このように広場を中心として竪穴住居跡が営まれる例は，福岡市有田遺跡[3]でもみられる。出土遺物をみると，各住居跡間には大きな格差は認めえないが，27号住居跡で丹塗り土器の出土が顕著である。同様な例は後述する同遺跡の中期末の集落でもみられる。福岡市宝台遺跡B地区でも，中期中頃に比定されている6軒の円形プラン竪穴住居跡群中，5号住居跡内のピットに丹塗り土器などが埋納され，住居跡自体からも丹塗り土器が多く出土している。北部九州では，丹塗り土器は弥生時代中期以降，墓地内の祭祀遺構から主に出土しており，空間的

にまとまる竪穴住居跡群中の1軒に丹塗り土器が集中することは，祭祀面での統轄者の存在と，祭祀を1つの紐帯とする小集団の結合関係が想定できる。

中期末の赤井手遺跡には，丘陵尾根上の平坦面の竪穴住居跡群（A群），丘陵北西側の緩斜面上の竪穴住居跡群（B群），調査区西側の竪穴住居跡（C群）が営まれる。C群の営まれた地点はかなり削平されており，本来の軒数はA・B群と同じく

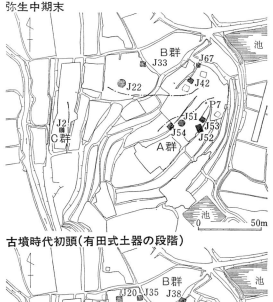

春日市赤井手遺跡の集落変遷
（網の住居跡は時期の確実なもの，網なしの住居跡は時期不明）

4～5軒であったろう。竪穴住居跡には円形プランと方形プランのものがあるが，A・B群では円形プランのものが1軒に対し，他は方形プランのもので構成され，さらに，B群では円形プランの22号住居跡で丹塗り土器の出土が集中する。調査区中央には，遺構分布の稀薄な空白地区があり，それを広場と考えると，A～C群は広場を共有する密接な関係をもつ集団である。また，B群中の33号住居跡は小鍛冶と考えられる遺構で，鉄器の出土もB群に集中する。しかし，鉄器のこうしたあり方は，該期の他の集落ではみられず，赤井手遺跡が鉄器の製作地であったことに起因している。

次に，古墳時代初頭にあたる有田式土器の段階には，丘陵尾根上の竪穴住居跡群（A群）と，丘陵北西側の緩斜面上の竪穴住居跡群（B群）の少なくとも2群がみられる。竪穴住居跡はいずれも方形プランで，規模も大差ない。出土遺物は少ないが，A群中の10号土壙からは祭祀用土器が出土し，中期の場合と同様に，4～5軒の竪穴住居跡群内の祭祀を紐帯とする結合関係が想定できる。また，B群中の29号住居跡からは，近畿地方系統の二重口縁壺，長頸壺などの祭祀的色彩の濃い土器が出土し注意される。

千塔山遺跡[4]（佐賀県三養基郡基山町宮浦）遺跡の営まれた丘陵は，標高53mの独立丘陵で，丘陵北半部から尾根が2つに分かれ，緩やかな傾斜面をなす。弥生時代中期～歴史時代の遺構が検出されている。弥生時代後期中頃には，丘陵の斜面上に2～5軒が1まとまりをなす竪穴住居跡群が4群営まれる。いずれも方形プランで，33号住居跡がやや大形であるほか，住居間に規模的な大差は認められない。また最も平坦面のとれる丘陵南半部の尾根上には，高床倉庫と考えられる掘立柱建物が営まれる程度で，遺構の密度が低い。高床倉庫の分布がかたよっていることと，前述の赤井手遺跡の例などから，ここは高床倉庫にあらわされる食糧の共同管理を含む広場と考える。北部九州では，高床倉庫と考えられる掘立柱建物は弥生時代中期にはすでにあらわれるが，宝台遺跡の例などから5軒前後の竪穴住居跡群に1～2棟の高床倉庫が対応すると考えられている[5]。甘木市下原遺跡では，弥生時代中期に比定される8棟の高床倉庫群が検出され，竪穴住居跡群は倉庫群の南側に集中すると考えられ，千塔山遺跡と同様，集落内の空間の使い分けと，集落全体の食糧の共同管理を示すものである。

弥生時代後期後葉～末の西新町式土器の段階には，丘陵南半部中央の平坦面を中心として環溝が掘られ，陸橋部が1ヵ所北側にみられる。また，環溝の北西隅から丘陵西斜面にむかって溝が1条のび，自然地形とあわせ千塔山の集落全体が南に拡がる平地から画されるかたちとなる。竪穴住居跡はいずれも方形プランで，環溝内に営まれるA群，環溝外の陸橋部付近のB群，丘陵北東部の尾根上のC群，丘陵北西部の尾根上のD群がみられ，各群は2～5軒から構成される。A群では，環溝に沿って竪穴住居跡が営まれ，西北部には高床倉庫が1～2棟配されると考えられ，中央部と陸橋部付近は遺構はみられず広場と考えられる。

鉄器はかなりの量が出土しているが，環溝内出土のものが多い。環溝南西部出土の鉄器を本来環溝内に沿って営まれた竪穴住居跡のものと考えると，A群の鉄器保有量はB～D群とくらべ卓越したものとなる。このように，A群は環溝に囲まれ，高床倉庫に示される食糧管理の集中化，広場の専有化，鉄器の圧倒的な保有など，千塔山集落

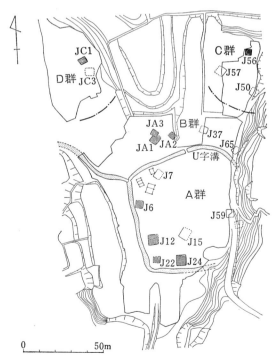

基山町千塔山遺跡の弥生後期後葉～末（西新町式期）の集落
（網の住居跡は時期の確実なもの，網なしの住居跡は時期不明。掘立柱建物は該期のものである可能性の強いものを3棟表示した。）

の中心的な統轄者集団と考える。しかし，一方では，「現代でいう鍬入式のような呪術宗教的な意義をもつ儀器」[6]とされる青銅鋤先がA・B・D群に各々みられることから，中期の集落でみられたと同様に，各群ごとの祭祀面での統轄者の存在と，それを紐帯とする結合関係が想定できる。有田式土器の段階には，環溝が前期とくらべ若干大きくなる程度で大要は変化はない。ただ，各群ごとに近畿地方系統の精製小鉢・小形器台などの外来系統の祭祀的色彩の濃い土器が出土し，それは環溝内の住居に集中する傾向が認められる。

西新町遺跡[7]（福岡県福岡市西区西新）　遺跡は博多湾に面した古砂丘上に立地し，福岡地方の玄関口ともいうべき位置を占め，西新町式土器〜柏田式土器の段階の57軒の方形プランの竪穴住居跡が調査された。調査面積が限られているため，竪穴住居跡の群区分は充分でないが，集落変遷の概要は把握でき，外来系統土器の流入では北部九州の該期の集落でも特異なあり方を示す。まず，西新町式土器新相段階には，在地系統土器のみを出土する竪穴住居跡が集落の中心部に，外来系統土器が出土土器の1〜3割混じる竪穴住居跡が集落の周辺部に営まれる。有田式土器の段階には，東半部に外来系統土器が2〜7割を占める竪穴住居跡が集中する傾向がみられる。柏田式土器古相段階には，東半部にのみ主軸方向のほぼ一定した竪穴住居跡群がみられ，近畿地方系統を中心とする外来系統土器の出土比率がいずれの住居跡でも5割をこえる。また，有田式土器の段階以降，竪穴住居跡ごとに外来系統土器は，壺・甕・鉢・高坏・器台などの器種が1セットそろい，在地系統土器を量的にも質的にも凌駕する。

このように，外来系統土器が恒常的かつ多量に出土する例は，後述する御床松原遺跡をはじめ海岸部に目立ち，立地とあわせ頻繁な海上交流があったと考えられる。これに対して，赤井手遺跡・千塔山遺跡などの該期の内陸部の集落では，外来系統土器の出土量は少なく，三雲遺跡サキゾノI−1区1号住居跡のように祭祀性の強い遺構からの出土が目立つ[8]。さらに，西新町遺跡のように外来系統土器が在地系統土器を量的にも質的にも凌駕することは，他の海岸部の集落でも稀れである。それは海上交流に含まれる交易活動が集落経営に大きな比重を占めていたことを示している。こうした情況を背景として，隣接の藤崎遺跡では

舶載の三角縁二神二車馬鏡などを副葬する方形周溝墓が成立するのであり，『魏志』倭人伝の「国国有市，交易有無」にあたる海上交易の拠点の1つであったと考える。

御床松原遺跡（福岡県糸島郡志摩町）　糸島半島の西側に湾入する引津湾に面する古砂丘上に立地し，1982年の調査では弥生時代〜6世紀代の竪穴住居跡が100軒以上検出された。当時，遺跡の東側と北側は内海となっていた可能性が強く，出土遺物は漁撈関係のものが多く，集落の主な経済基盤が漁撈活動にあったと思われる。また，漢式土器・陶質土器も出土し，外来系統土器の出土も多く，海上交流も頻繁であったと考えられる。西新町式土器〜柏田式土器の段階には，竪穴住居跡群は調査区内で南北の2群に分けられる。両群ともに，1時期3〜7軒の方形プランの竪穴住居跡から構成される。出土遺物からみると，西新町式土器新相段階までは，両群ごとに1〜2軒の竪穴住居跡で鉄器が出土するが，有田式土器古相段階以降，北群に鉄器・外来系統土器の出土が集中する。また，後漢鏡片が出土しているが，ともに北群の範囲内で出土している。このような鉄器・外来系統土器・鏡片の出土情況から，北群の集団は南群の集団に対してかなりの優位性をもち，御床松原遺跡の中でも中心的な集団であったと考えられる。

2　北部九州社会集団の特質

近年調査された北部九州の代表的な集落遺跡をみてきた。そのうち弥生時代中期には，竪穴住居跡の平面形態は円形で，中期末以降方形のものが主流となる。これらは4〜5軒丘陵上にあつまるか，環溝に囲まれるかして1つの小単位をつくり，これが複数集合して外観的に1つのまとまり（集落）を形成すると考えられ[9]，近年の調査例でも同様な所見が得られている。近藤義郎氏は前者を「単位集団」，後者をその「集合体」と呼び，農業経営を中心とする生業システムで，それらの結合関係を想定している[10]。

こうした面とは別に，丹塗り土器に代表される祭祀面での集落・それを構成する小単位・竪穴住居間の結合のあり方が想定できる。

まず，宝台遺跡・赤井手遺跡では，集落を構成する小単位ごとに祭祀に関連する丹塗り土器が集中する竪穴住居跡が1軒みられる。中期末の赤井

手遺跡では，小単位は丹塗り土器の集中する円形プランの竪穴住居跡1軒と，3〜4軒の方形プランの竪穴住居跡から構成される。これは，小単位内の祭祀面での統轄者の存在を示すものであり，小単位内の祭祀を紐帯とする結合関係が想定される。相対的に集落を構成する小単位間の結合は緩やかな関係にあったと思われる。こうした結合のあり方は墓地でも認められる。さらに，集落規模をこえて祭祀面での集団の結合関係も想定できる。たとえば，中期に北部九州では墓地内の祭祀遺構というかたちで，埋葬に伴う祭祀が盛行する。それに用いられる土器は，中期後半〜末に専用化され，丹塗りされた独特な器形のものがあらわれ，器種・組み合せ・器形は各小平野ごとに独自性のある地域色がみられる。また小平野相互での祭祀土器の搬入・搬出は，日常土器とくらべ極めて稀れであり，祭祀土器を表象とする小平野内部での祭祀を中心とする集団の結合をあらわしていると考える。

弥生時代中期には，小単位・集落・さらに上位の集団規模での多様に依存しあう結合関係が認められる。しかし，その基本的な社会集団は，1つの集落ではなく，4〜5軒の竪穴住居跡から構成される小単位であり，その自立性の強さが該期の北部九州の社会集団の特質と考える。

さて，3世紀（西新町式土器〜有田式土器）には，竪穴住居跡の平面形態は方形で，住居内にはベッド状遺構が付設される場合が多い。これらの竪穴住居跡は，赤井手遺跡・千塔山遺跡でみたように，中期の集落と同じ規模の小単位をつくり，それらがいくつか集まって集落を形成する。『魏志』倭人伝にあらわれる伊都国の中心である三雲遺跡では，該期の竪穴住居跡群は空間的に少なくとも8群にわけられ，各群は竪穴住居跡5軒前後で構成される小単位と考えられる。外観的には，三雲遺跡に代表される大規模集落も，集落内の小単位の規模は中期の小単位と同じであり，その単位数の増加と分布が密になることにより形成される。また，千塔山遺跡の青銅鋤先の分布のあり方，赤井手遺跡A群にみられる祭祀土器の出土の顕著な10号土壙の存在から，中期でみられた祭祀面での小単位の自立性が認められる。

こうした中期集落との共通点と同時に，集落内の小単位相互の結合関係には，中期にみられない関係が想定できる。たとえば，千塔山遺跡では，

西新町式土器の段階に環溝が掘られ，そこに囲まれる竪穴住居跡群（A群）は広場・高床倉庫を専有する。鉄器の保有でも，千塔山遺跡のA群，御床松原遺跡の北群など，集落内の特定の小単位に集中する。それは，集落内に集中的な統轄力をもつ特定小単位（小首長層）の擡頭であり，社会集団が，特定小単位（小首長層）を中心とする関係に組みかえられ，その求心力によって大規模集落が形成されると考える。こうした該期の集落の内的変化は，弥生時代後期中頃以降みられはじめ，千塔山例が示すように，西新町式土器の段階に急速に顕在化するが，さらに外的要素が若干遅れて有田式土器の段階に加わってくる。つまり，有田式土器の段階以降，近畿地方に代表される外来系統土器が流入する。海岸部の集落は，海上交流によって恒常的かつ多量に流入し，海上交易の一大拠点である西新町遺跡のような特異な集落もあらわれる。しかし，内陸部の集落では，祭祀性の強い遺構から出土すること，祭祀的色彩の濃い器種が目立つことから，その流入過程は外来祭祀権の受容であると考える。その受容する主体者は，後期中頃からみられはじめる集落内の小首長層であり，中期にみられる小単位ごとの祭祀を紐帯とする結合関係とは異なる新たな祭祀システムが導入される。

このように，3世紀の北部九州では，中期以来みられる伝統的な結合関係が残ると同時に，集落の内で新たに特定の小単位（小首長層）を中心とする結合関係があらわれる。

註
1) 田崎博之「古墳時代初頭前後の筑前地方」史淵，120，1983
2) 丸山康晴編『赤井手遺跡』春日市文化財調査報告書，6，1980
3) 井沢洋一ほか編『有田・小田部』4，福岡市埋蔵文化財調査報告書，96，1983
4) 中牟田賢治編『千塔山遺跡』1978
5) 佐々木隆彦「下原集落遺跡について」九州横断自動車道関係埋蔵文化財調査報告，2，1983
6) 森貞次郎「弥生時代の遺物にあらわれた信仰の形態」神道考古学講座，1，1981
7) 折尾学ほか編『西新町遺跡』福岡市埋蔵文化財調査報告書，79，1982
8) 柳田康雄・小池史哲編『三雲遺跡』III，1982
9) 下條信行「九州考古学の諸問題―弥生時代―」考古学研究，73，1972 ほか
10) 近藤義郎『前方後円墳の時代』1983

北部九州の社会・生活

福岡市教育委員会
浜 石 哲 也
（はまいし・てつや）

北部九州の弥生時代後期の墓制は首長墓の出現と甕棺墓地の
終焉という状態で始まり，終末前後に墳丘墓が出現してくる

北部九州とは福岡県を中心とした九州北辺をさし，広義には長崎・佐賀・大分の各県を含むが，その地理・文化・歴史的環境は決して一様ではない。このうち唐津・糸島・早良・福岡・嘉穂・朝倉・筑後・佐賀の各平野を中心とした地域では，弥生時代前期末以降大形甕棺による集団墓地が形成され，弥生時代墓制として他地域とは異なった様相を呈している。

さて北部九州における3世紀とは弥生時代後期後半から古墳時代にかかる時期にほぼ相当するものと考えられる。本稿は墓制の変遷を通じて社会・生活の分析を行なうという観点から，3世紀以前の墓制をも含めて考察したい。墓制上からみたこの時期の北部九州の社会構成についてはいくつかの論究[1]がすでにあり，また土器と鏡から編年的検討も行なわれている[2]。本稿もこれらに負う所が多い。

1 甕棺墓地の終焉

弥生時代前期末以降集団墓地を形成した甕棺墓は，中期中頃～後半にその頂点を極めるが，後期前半を最後に北部九州の多くの地域で消滅する。ただ甕棺墓自体はその後も単発的に作られ，古墳時代前期まで残存しているが，甕棺単独の墓地をなすものではない。存続期間はあるとしても，各平野の多くの場所に数10基から400基以上におよぶ甕棺墓の集団墓地は後期前半，それも古い時期をもって終焉するといってよい。

甕棺墓の減少の兆しは最盛期の中期後半頃すでに潜んでいる。この時期には福岡県須玖岡本・三雲・立岩堀田遺跡のように多数の前漢鏡や青銅製武器などを副葬した甕棺墓が出現している。また甕棺墓が衰退した後期前半に入っても福岡県井原・佐賀県桜馬場遺跡の甕棺墓が多数の後漢鏡や銅器などを副葬している。このような厚葬が甕棺墓に限られるという状況は，甕棺墓がそれ以前の高い割合で人々を埋葬したものから，社会的・政治的権威をもった特定集団の墓制に集約されていっ

たことを推測させる。

また甕棺墓がなくなった直接的原因は，埋葬専用の大形甕が製作されなくなったことに求められよう。大形甕はその製作技術，陶土採集，焼成のための燃料からして，工人集団が一定の地域に存在していたと考えられる[3]。この集団の自立性や供給関係は問題として残るが，厚葬甕棺墓にみられる首長層が平野を単位とした地方を統括する過程で，この工人集団を吸収，あるいは供給関係を断つことにより甕棺墓が消滅した可能性も併せて考える必要があろう。もちろんこれら首長層の鉄製武器を背景とした成立過程において，河川を中心とした水利にも大きな影響を与え，その結果これまでの生産や集落のあり方に変化が生じたことは想像に難くない。

2 墓制の衰退

甕棺墓に後続する墓制として土壙墓・石蓋土壙墓・木棺墓・箱式石棺墓などがあるが，棺そのものが編年の基準となる甕棺墓と異なり，副葬品・供献品をもたない限りその時期を決定しがたいうらみがある。大まかには土壙墓→石蓋土壙墓→箱式石棺墓・木棺墓といった出現時期の流れを追うことができそうである。しかし，この新たな墓制が消滅した甕棺墓を数量的に補なっているかといえば決してそうではない。甕棺墓の衰退が同時に墳墓全体の衰退という状態を現在までの調査例は表わしている。

このような中で福岡県宝満尾遺跡は甕棺墓からの転換を如実に示している。遺跡は福岡平野の丘陵上にあり，中期後半の甕棺墓地から約10m離れ土壙墓・石蓋土壙墓・箱式石棺墓の16基の墓地が後期前半に形成されている。位置関係からすれば両墓地は近親性をもつ。後期の墓地は2群に分けられ，13基の墓から構成されるII群は石組遺構を中心に2～4基を単位とする5グループに細分できる。副葬品には昭明鏡・鉄斧・素環頭刀子・玉類があり，特定の墓に集中することがない反

面，全く副葬品を持たないグループもある。土壙墓は小型であるが，足元を掘り込むことにより屈肢で成人を葬ったものと考えられ，甕棺墓の葬法の伝統を引き継いでいる。ここには新たな墓制を積極的に取り入れたというより，前代からの葬法を色濃く踏襲している姿がみられる。

この宝満尾遺跡の墓地が発展した段階が同じ福岡平野の門田北遺跡に示されている。時期は下るものの約60m離れた甕棺墓地との関係は明瞭でなく，その墓地構成も土壙墓・石蓋土壙墓・甕棺墓の6基と小規模である。しかし3基の成人墓には多量の玉類を副葬しており，宝満尾遺跡Ⅱ群中のモノをもつグループだけが抽出された状況を表わしている。また反面，小児墓に甕棺をもつこと，また土壙墓に足元掘込みがあることは依然として甕棺墓の伝統が受け継がれていることを示している。

同じ福岡平野に位置する小笹遺跡は，石蓋土壙墓6基，土壙墓1基と祭祀遺構から構成される墓地で，土壙墓に近接した祭祀遺構の出土土器から後期前半の時期とされる。鉄鏃を副葬した1基の石蓋土壙墓以外はすべて小児棺である。この墓地は甕棺墓地とは全く関係のない場所に新たに設けられ，小児棺が多いこと，またそのほとんどが石蓋土壙墓という所に先述の2遺跡との相違を認めることができる。同時期とするなら，甕棺墓の伝統から脱脚したまさに新たな墓地の開始をみる思いがする。

いずれにしろ墓地の形成がみられなくなる福岡平野近辺におけるこれらの遺跡は，特定集団の墓地といえよう。しかしほぼ同時期の桜馬場・井原遺跡にみられる首長墓とは内容的にみて一段の社会・政治的格差があることは否めない。宝満尾遺跡は銅鐸の鋳型を出土した赤穂ノ浦遺跡と隣接しており，時期的にも隔りがないこと[4]から，青銅器生産を背景とした特定集団の墓地と考えることもあながち無理ではないであろう。だがこれらの墓地も長期間継続することはなく，首長墓も含め後期中頃にはほとんどみられなくなり，福岡平野を中心とした地域では墓制そのものが空白に近い状態を示す。これは今後の発掘調査に待つべき所もあるが，一方では大きな社会変動があったこともうかがわせる。後期中頃はおよそ2世紀頃と考えられ，そうならば『後漢書』にいう「桓霊の間」（147〜188年）の「倭国大乱」と関連づけることも

可能であろう。

一方，佐賀平野では後期に入っても継続的に墓地が形成されている。佐賀県二塚山遺跡は，弥生時代前期から後期中頃にかけての254基の墓と6ヵ所の祭祀遺構からなる墓地である。この遺跡でも後期初頭になると甕棺墓は激減し，さらに後期前半まで残るものの，大勢は土壙墓（石蓋を含む）・箱式石棺墓に変っている。墓地は10数群に分けられているが，後期の墓のうち中期後半〜後期初頭の甕棺墓が集中する群には副葬品が少なく，その逆に単数の群には副葬品が多い傾向がある。副葬品には小形仿製鏡2面，昭明鏡・獣帯鏡・長宜子孫系内行花文鏡片の銅鏡と鉄製武器，玉類などがあり，甕棺墓と土壙墓に分散している。この遺跡の東約200mには五本谷遺跡があり，弥生時代前期から古墳時代前期の墓地が形成されている。後期の墓は発掘区東側でいくつかの群をなすが，後期初頭の甕棺墓は見当らず，さらに1時期新しい甕棺墓が土壙墓と群を構成する状況を呈する。副葬品はすべて土壙墓からの出土で，小形仿製鏡・舶載鏡片や鉄ノミなどがある。この近接した両遺跡を比較するなら，前期から安定した墓地形成を行なってきた二塚山遺跡が，その副葬品もあいまって社会的優位性を顕現しているといえよう。ただ両遺跡とも後期初頭前後に社会的な変化があったことが墓制の上からうかがわれる。しかしその後も墓地はとだえることはなく形成され続けている。これは福岡平野にみられた後期中頃の社会的変動がその辺縁部にあたる佐賀平野に遅れて及んだのか，その影響をさほど受けなかったものと考えられる。

3　墓制の再編

後期後半〜終末前後になると各平野に新たに墓地が形成され始める。墓地域は前代の墓地域と全く異なった地域を選択することが多く，墓地そのもののタイプも様々なものが見られる。同時期頃から集落も新たに営なまれるものが多く，以後の時期にわたって大集落を形成してゆく。まさに社会的変動後から安定に向かう過渡的な状態がみられる。

この時期の墓地は，集団墓地と限定された特定墓地・墓に大別される。集団墓地のうち福岡県日佐原・八並・汐井掛遺跡は50基以上におよぶ大墓地をなすが，その内容は等質とはいい難い。日

佐原遺跡は石蓋土壙墓・箱式石棺墓・甕棺墓など6群53基の墓で構成される。このうちE群には小盛土をもち玉類・鉄鏃・鉄斧を副葬する箱式石棺墓、また長宜子孫内行花文鏡と玉類を副葬する土壙墓があり、盛土・副葬品のない他の群に対して優位性を表わしている。朝倉平野に属する八並遺跡では、箱式石棺墓・石蓋土壙墓・甕棺墓など61基が検出されている。群構成など詳細は明らかではないが、墓地域は溝状遺構で区画されているという。副葬品は小形仿製鏡・鉄器・玉類があり、5基の箱式石棺墓にみられる。汐井掛遺跡では丘陵尾根上に後期後半～古墳時代前期にかけての木棺墓・土壙墓・箱式石棺墓・甕棺墓280基が設けられている。いくつかの群構成はみられるが、日佐原遺跡のような明瞭さはない。墓総数の14%にあたる39基に銅鏡・鉄器・玉類などの副葬品がみられ、銅鏡には小形仿製鏡・方格蕨手文鏡の完鏡と内行花文鏡・飛禽文鏡などの鏡片がある。また小児棺が2割強を占めており鉄器・玉類の副葬品をもつ。

　同じく集団墓地を形成しながらも、その規模が10数基程度にとどまる遺跡として福岡県野方中原・七夕池南・桶田山・天神の上、佐賀県千塔山などがあげられる。この小規模な集団墓地も、野方中原遺跡のように高い割合で副葬品をもつものから、それが全くみられない七夕池南・千塔山遺跡があり、その質はかなり異なっている。また反面、野方中原遺跡と千塔山遺跡は環溝集落と墓地がセットになって発掘されており、その集落の住居跡の割合からすれば墓地に埋葬された人々は極めて限定されていたことをうかがわせる。このうち野方中原遺跡では、箱式石棺墓・土壙墓・甕棺墓の10基が集落の西側にかなりの間隔をもって配されている。盗掘・未掘を除いた箱式石棺墓のほとんどに獣首鏡片・内行花文鏡片・鉄器・玉類などの副葬品を伴っている。また盗掘を受けていた大型の6号箱式石棺墓には、供献土器が墓壙外に方形区画を作るように置かれている。この遺跡の南には箱式石棺墓を中心とした小規模な墓地である野方塚原遺跡があり、うち1基から舶載鏡片が出土している。

　これらの集団墓地と大きく時期を違えずして特定墓地・墓が築かれている。福岡県酒殿遺跡は低丘陵上に箱式石棺墓4基だけからなる墓地を形成し、大型の箱式石棺墓には獣首鏡片・玉類など、また他の1基には小形仿製鏡が副葬されている。この墓地をより明確にするものとして同じ県内でも豊前に属する宮原遺跡があげられる。成人棺・小児棺2基ずつの箱式石棺墓からなり、うち成人棺には内行花文鏡2と小形仿製鏡・大型鏡（鏡式など不明）が各々副葬されている。墓地の構成・内容からすれば特定家族墓地といえよう。同様の墓地として三雲遺跡群の寺口がある。箱式石棺墓4と甕棺墓1から構成され、うち甕棺墓を含んだ2基が小児棺である。成人棺には長宜子孫内行花文鏡・鉄製武器・玉類などが個別に副葬されている。この墓地の西側および北側には祭祀遺構が墓地を区画するように配置されている。

　この特定家族墓地に対し特定個人が突出した墓を福岡県宮の前・平塚・名子道遺跡にみることができる。いずれも墳丘墓かそれに近い形態をもち、これまでみてきた墓地とは大きな隔差がある。宮の前遺跡は早良平野西北部の丘陵先端に位置する長さ14.17m、幅11.85mの楕円形状の墳丘墓である。盛土は40～50cmであるが、その立地および地山の削り出しによって高塚というにふさわしい様相を呈している。主体部は大型の石材を用

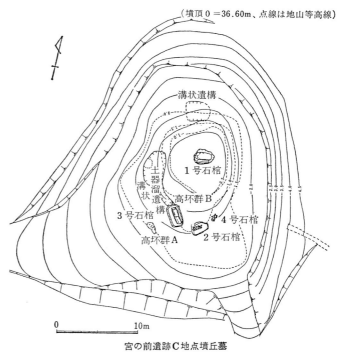

宮の前遺跡C地点墳丘墓

41

いた箱式石棺で，すでに盗掘を受けており管玉・小玉が出土したにとどまっている。墳丘裾部には供献土器群がみられ，また4基の箱式石棺（小児棺1）があり墳丘墓埋葬者と血縁的な家族墓地をなしていると考えられる。平塚遺跡は台地先端に位置し，長径16m，短径12mの楕円形を呈し，墳丘は最高約1.5mの低平なものである。墳丘の中央近くに巨大な石材を用いた箱式石棺があり，長宜子孫内行花文鏡・管玉が副葬されていた。また墳丘の周辺には箱式石棺墓が発見されている。同様の墳丘墓の例は豊前に属する山鹿遺跡にもみられ，主体部の箱式石棺から獣首鏡片，またこれに近接した石蓋土壙墓から小形仿製鏡が出土している。一方名子道2号墳は尾根鞍部の斜面に位置し，巨大な箱式石棺をその主体部とする。棺はすでに盗掘を受けており出土遺物はなかった。墳丘は明確でないが，棺蓋石上面には粘土と小礫による被覆施設があり，また棺を中心に扁平礫を5.8×4.8mの環状に配し，その中に土器の供献がみられる。その立地から宮の前遺跡や平塚古墳のように周辺に墓地を形成することはないと考えられ，その意味ではまさに特定個人墓として位置づけられる。

　以上，弥生時代後期後半〜終末前後の墓制をみてきたが，そこには様々な墓地の構成と質的相違が表わされている。集団墓地内に格差が生じている例は日佐原遺跡でみられ，その副葬品は特定墓地のものと比べても遜色がない。野方中原遺跡はその集落の規模に対する墓数の少なさと副葬品の保持率の高さからすれば，「集団」墓地の枠を超えた位置を占めていると考えられる。一方汐井掛遺跡のように計画性をもって長期的に形成される墓地は，その副葬品の割合からしても，地域的にかなり安定した社会的・経済的基盤をもっていたものであろう。近接した汐井掛B・天神の上遺跡が，短期間の小規模な墓地を形成したまま終わっていることと対蹠的である。またこの遺跡が福岡平野の外縁部という地理的状況も，その継続性と無縁ではなかろう。これらの集団墓地の上部に位置するものとして特定墓地・墓がある。とくに宮の前・平塚・名子道遺跡の特定個人墓は，その立地・墳丘・主体部などから集団墓地を大きく凌駕している。だがその存立基盤は平野の一定地域内にとどまる傾向がある。宮の前・名子道遺跡は盗掘にあっているが，平塚・山鹿遺跡の例からすれ

ば鏡1面と玉類程度の副葬とも考えられる。これらからすれば，その支配力もさほど大きくないと考えられる。この場合，同一平野で同一時期に属する宮の前遺跡と野方中原遺跡の関係は，社会的構成を考える上で再検討されるべきであろう。平野を単位とした首長墓が明確でない現在，集団墓地と特定墓地・墓を構成した集団が，小地域ごとに複雑に絡みあい，その上で一定のバランスを保っている社会情勢をこの時期の墓制にみるおもいがする。まさに変動後の社会的再編の過程がここに反映されているといってよい。

　北部九州の弥生時代後期墓制は，首長墓の出現と甕棺墓地の終焉という状態で始まる。後期中頃には中核地域である福岡平野近辺で首長墓も含めた墓地の形成がみられなくなる。これには大きな社会変動が背景にあると考えられよう。終末前後になると再び墓地の形成が始まるが，その構成内容は極めて多層的な質をもっており，社会の再編期の複雑な状況を示している。その中で集団墓地から脱け出した特定個人墓が墳丘墓として出現している。この墳丘墓の消長はいまひとつ明確でない。その後集団墓地の中に外来系の方形周溝墓が採用されていく傾向があることからすれば，墳丘墓の被葬者は系譜的に「畿内型古墳」につながる可能性をもつ。しかしその規模・墳丘形態・内部主体などからみると墳丘墓は「畿内型古墳」と直結するものではない。両者間には社会的にも，また時期的にもなお一定のギャップがみられる。北部九州に「畿内型古墳」が出現するのは4世紀段階と考えられ，この時期以降，権力構造が平野を単位として明確になる。この構造のもとで生産力の増強が行なわれ，安定した社会状態が生みだされていくのである。

註
1)　小田富士雄「発生期古墳の地域相」歴史教育，15―4，1967；高倉洋彰「墓制からみた社会環境の変化」歴史公論，4―3，1978；下條信行「北部九州の弥生終末期前後の墳墓」古文化談叢，4，1978
2)　柳田康雄「三・四世紀の土器と鏡」森貞次郎博士古稀記念古文化論集，1982
3)　井上裕弘「甕棺製作技術と工人集団把握への試論」山陽新幹線関係埋蔵文化財調査報告，9，1978
4)　高倉洋彰「銅鐸は所在地の決め手か」歴史と人物，12―11，1982
各遺跡の報告書は省略した。

特集 ● 邪馬台国を考古学する

『魏志』倭人伝時代の畿内

土器編年上，第5様式新相から庄内式，さらに布留式古相の一部が入るとされる3世紀の畿内の情況はどんなものだったろうか

自然環境／生産／集落・人口／社会・生活

畿内の自然環境
――瓜生堂遺跡周辺を中心に――

広島大学助手
安田喜憲
（やすだ・よしのり）

河内平野の中心部に位置する瓜生堂遺跡周辺の集落の拡大・縮小は，三角州の前進・後退と密接なかかわりを有していた

大和川によって形成された河内平野は，畿内の弥生文化の中心地の一つである。近年，近畿自動車道の建設にともなう大阪府教育委員会・大阪文化財センターなどの発掘によって，瓜生堂遺跡・山賀遺跡・亀井遺跡といった巨大な弥生集落遺跡がつぎつぎと姿をあらわしはじめた。

こうした一連の発掘調査の結果，河内平野の弥生集落は，いくたびかの居住の中断，集落の廃絶を体験していることが明らかとなった。本報告では，その内，河内平野の中心部に位置する瓜生堂遺跡・巨摩廃寺遺跡をとりあげ，邪馬台国成立期の畿内の自然環境の様相をさぐってみたい。

1 瓜生堂遺跡・巨摩廃寺遺跡

瓜生堂遺跡・巨摩廃寺遺跡は大阪府東大阪市瓜生堂から若江西新町にかけて位置している。第2寝屋川の右岸の沖積平野に埋没している（図1）。現地表面の海抜高度は 3.5～4m 前後である。河内平野の中心部に埋没する弥生時代遺跡の特色は，埋没深度が異常に深いということである。図2には瓜生堂遺跡に南接する（実際には瓜生堂遺跡の延長とみることができる）巨摩廃寺遺跡Ⅰ地区南壁の層序を示した。弥生時代中期の方形周溝墓のマウンドは，現地表面下 3.5～4.0m 前後に埋没して

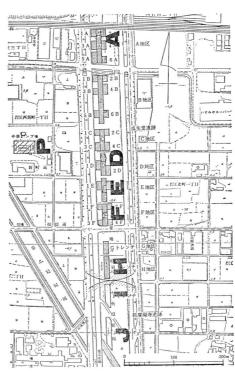

図1 瓜生堂遺跡・巨摩廃寺遺跡調査区位置図
（大阪文化財センター，1981）

いる。埋没深度が深いため，弥生時代以降の各時代の古記録が，厚い堆積物中に保存され，かつ堆

43

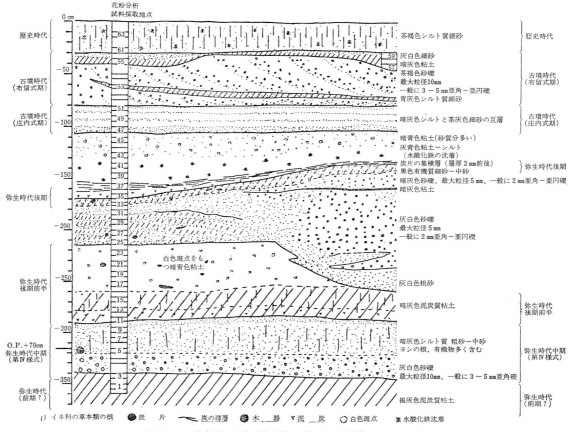

図2 巨摩廃寺遺跡Ⅰ地区南壁層序(『巨摩・瓜生堂』1981 より)

積物が有機質に富み,古環境を復原するデータを多く内蔵している。筆者は1972年以来,瓜生堂遺跡調査会,大阪文化財センター,大阪府教育委員会,東大阪市教育委員会のご厚意により,調査の機会を得ることができた[1]。

その結果,南北800m,東西500mに及ぶ瓜生堂遺跡内のローカルな古地理の変遷を,各時代ごとに大略あきらかにすることができた。いまだ解決すべき問題は山積しているが,その概略を記す。

2 弥生時代前期（畿内第Ⅰ様式）

この時代の遺物の大半は,褐色泥炭・有機質粘土に含まれている。瓜生堂遺跡の北端にあたるA地区（図1）の花粉分析の結果（図3）,弥生時代前期の包含層からはミクリ属・オモダカ属・ガマ属などの水湿地性植物の花粉やイネ科・カヤツリグサ科が多産し[2],ヒシ・カンガレイの類・クログワイ・トリゲモの類・ヒルムシロの類・オモダカの類などの水湿地性植物の大型遺体も検出されている[3]。また湿原に生息するPinularia属や流水に生息するCymbella属の珪藻が多産し[4],A地区周辺はイネ科やミクリ属・ヒシ・ヒルムシロ属などの生育する湖沼・湿原の環境にあったことを示している。

一方,遺跡南端のⅠ地区の花粉分析の結果（図4）では,オモダカ属がわずかに高い出現率を示すていどで,水湿地性植物や草本類の出現率は低い。かわってアカガシ亜属が60%以上の高率を占める。アカガシ亜属の母樹は粉川[5]の大型遺体の分析からみて,イチイガシとみられる。この時代,遺跡南端のⅠ地区周辺にはイチイガシの森が存在した。こうしたイチイガシの森の多い環境は,花粉分析の結果[6]からみて,D地区まで広がっていたとみられる。この時代の明白な人類の居住の痕跡を物語る遺構は,P地区の西部の現在の第2寝屋川の河床付近から検出されている。弥生時代前期の瓜生堂遺跡周辺は,イチイガシの平地林と湖沼の広がる低湿で安定した環境にあった。

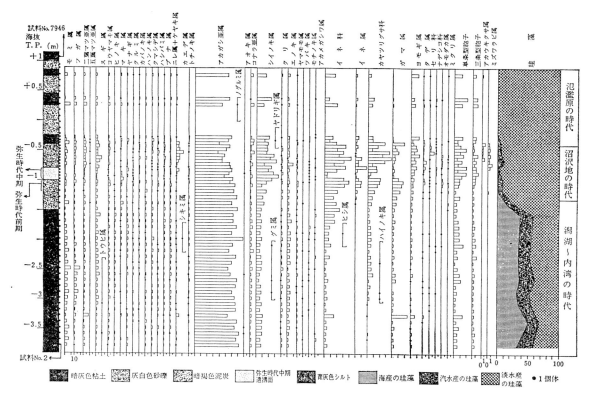

図 3 瓜生堂遺跡A地区花粉ダイアグラム（『瓜生堂』1980 より）

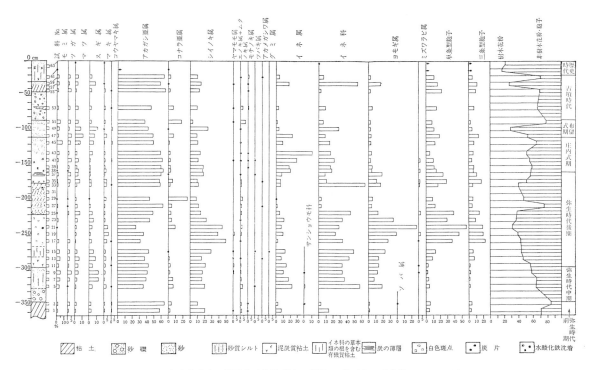

図 4 巨摩廃寺遺跡I地区南壁花粉ダイアグラム（『巨摩・瓜生堂』1981 より）

3 弥生時代中期初頭（畿内第II様式）

瓜生堂遺跡P地区（図1）では，弥生時代前期の包含層をおおって，OP −0.2〜+0.2 m の層準に，*Melosira sulcata*, *Cyclotella stylorum*, *Navicula granulata* といった海棲種の珪藻を多産する堆積物が検出された。この堆積物は淡水の少ない内湾に堆積したものとみられている[7]。このことから，弥生時代中期初頭には，何らかの理由（海面の上昇・台風などによる海水の侵入）で，一時的に内湾が拡大した可能性がある。瓜生堂遺跡の弥生時代前期の貝塚を持つ集落の廃絶は，この内湾の拡大と深いかかわりがあるとみられる。ただ，現時点では，この内湾の拡大を示すデータは，P地区のみでしか得られていず，果してどの程度の規模であったかを明らかにするには，今後の調査にまたねばならない。

4 弥生時代中期（畿内第III〜IV様式）

弥生時代中期は砂礫層の拡大期である。その堆積物は自然堤防の堆積物ではなく，砂礫堆と呼ぶべき性質のものである。層厚は 50〜200 cm 前後を示し，シルト分の少ない砂礫中にはラミナがみられ，下面は部分的に溝状に切れ込んでいる所もある。

弥生時代中期の大集落が営まれたのは，この砂礫層の上面である。100基以上もあると推定される方形周溝墓のマウンドは，この砂礫をもりあげてつくられている。図5には，瓜生堂遺跡のP地区から検出された第2号方形周溝墓の表層部の泥土の花粉分析の結果を示した。この図から明らかなように，著しく樹木の花粉の出現率が低く，マウンドの頂部付近はヨモギ属が高い出現率を示し，周溝部ではイネ科・カヤツリグサ科，それにわずかではあるがアヤメ科・イグサ科・ガマ属などの水湿地性植物の花粉も出現し，わずかではあるが水たまりのある低湿な部分が，周溝部にはあったことを示す。さらに方形周溝墓をとりまく周辺の堆積物では，羊歯類胞子が高率を示し，羊歯類を中心とする草原の環境が推定される。

このように洪水で形成された砂礫堆の上面は，比較的乾燥した草原の環境が展開し，そこが弥生時代中期の人々の居住地となったとみられる。さらにこうした草原の環境の維持にはたびかさなる氾濫とともに人間のインパクトも考えなければならない。A地区（図3）やI地区（図4）の花粉ダイアグラムにみられる如く，弥生時代中期に入ると，全出現花粉・胞子に対する樹木花粉の構成比が，これまでの80%前後から50%以下に減少する。これは主としてアカガシ亜属の減少とイネ科・ヨモギ属・羊歯類胞子の増加によってもたらされたものである。こうした傾向はD・E・H・Pの各地区の花粉分析の結果でも同様に認められる。そうして，シイノキ属・モミ属・コウヤマキ属・スギ属などの，弥生の集落からは少し離れた所に生育していたと推定される樹種がみかけ上，増加してくる。これは，弥生の集落に接して生育していたイチイガシ林を，弥生中期の人々が破壊した結果とみられる。そうして，J地区の花粉分析の結果では，弥生時代中期後半の層準において，炭片とともにコナラ亜属が 26.7% の高い出現率を示す。このコナラ亜属はイチイガシ林を破壊した

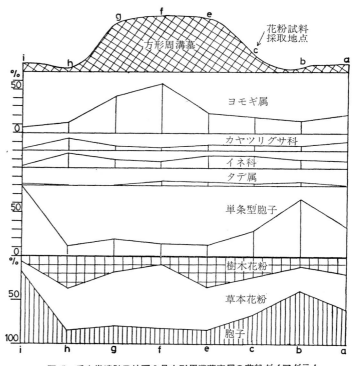

図5 瓜生堂遺跡P地区2号方形周溝墓表層の花粉ダイアグラム

後に生育してきた二次林的性格のつよいものとみられる。しかし、二次林としてのマツ属の花粉の増加は顕著でない。

このように瓜生堂遺跡の弥生時代中期集落の発展は、居住に適した比較的乾燥した草原の広がる砂礫堆が沼沢地にむかって拡大したことに端を発している。そして、弥生時代中期の集落は、方形周溝墓に埋葬された遺体から、少なくとも3世代の間は続いたとみられている。

5　弥生時代中期末〜後期初頭（畿内第Ⅴ様式）

100基以上もの方形周溝墓をもつと推定される瓜生堂の大集落が、弥生時代中期末に放棄される。そうして遺構を覆って黒色有機質粘土・泥炭が堆積する。これらの堆積物中からは、ガマ属・カヤツリグサ科・オモダカ属・アカウキクサ属・ミズワラビ属などの水湿性植物の花粉が多産し、珪藻分析では、淡水の静水域に生息する *Melosira* 属が増加してくる。弥生時代中期の遺物包含層は流水の影響を物語る *Cymbella* 属・*Gomphonema* 属・*Synedra* 属が高い出現率を示したが、この弥生時代中期末〜後期初頭の堆積物の *Melosira* 属の増加は、周辺が洪水の影響を受ける不安定な環境から、泥炭の発達する静かな湿原にかわ

ったことを示している。

こうした湿原・沼沢地の拡大は、遺跡のA地区からH地区にまで及んでいる。図6にはA地区からJ地区にかけての、代表的な草本花粉の地域変遷図を示した。弥生時代中期には、A地区からH地区まで、羊歯類胞子が最も高い出現率を示す。イネ属もD・E地区周辺で高い出現を示す。ところが湿原に生育するカヤツリグサ科の出現率は低い。一方、弥生時代中期末〜後期初頭では、羊歯類胞子はA地区からH地区の間では急減し、かわってカヤツリグサ科が急増してくる。羊歯類胞子・イネ属の中心地はH地区より南へ移動している。ここには示さなかったが、ヨモギ属の出現率も、羊歯類胞子と類似の傾向を示している。

このことから明らかなように、弥生時代中期に瓜生堂遺跡周辺に広がっていた羊歯類・ヨモギ属の生育する比較的乾燥した草原は、弥生時代中期末にはカヤツリグサ科・ガマ属・オモダカ属・ミズワラビ属・アカウキクサ属などの生育する湿原にかわったことを示している。湿原の拡大した範囲は図6から、A地区からH地区の範囲である。H地区より南のI・J地区には湿原は拡大しなかった。湿原の拡大は南北500m以上に及び、瓜生堂遺跡の大半を覆う。瓜生堂遺跡で水没・沼沢地化からまぬがれたのは、わずかに南端のI・J地区（巨摩廃寺遺跡にあたる）のみである。I地区・J地区では弥生時代中期末〜後期初期に入って、いっそう森林の破壊が顕著となり、イネ科、単条型胞子・ヨモギ属が急増し、樹木花粉の全出現花粉・胞子に対する構成比は31.3%にまで低下する。そうしてアカガシ亜属の出現率が25.2%にまで低下する（図4）。このことは、湿原の拡大によって、居住地をおおわれたA〜H地区に居住していた人々が南下し、森林に対するインパクトをつよめたためと解釈される。

このように、瓜生堂遺跡では、弥生時代中期末〜後期初頭に、遺跡の大半が水没・沼沢地化し、人々は居住地を南下、縮小せざるをえなかった。

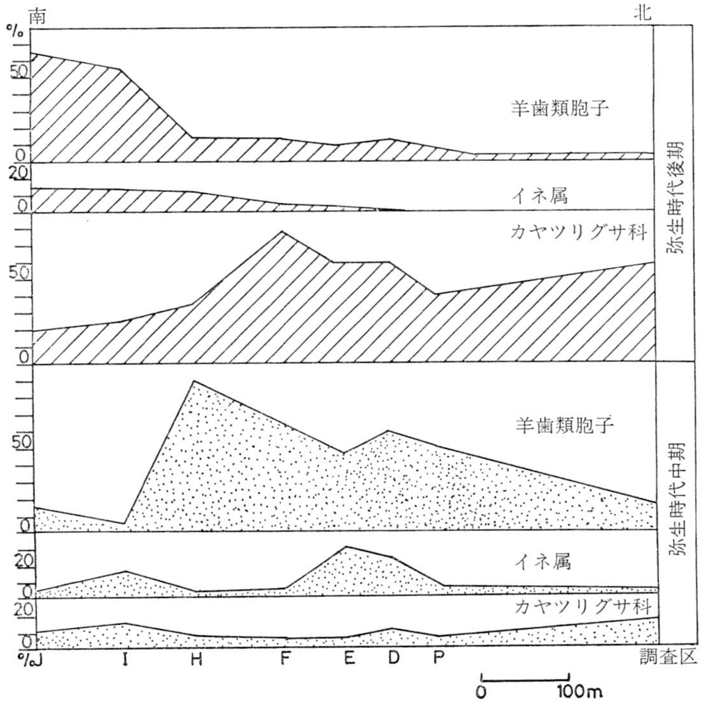

図6　瓜生堂遺跡の主要草本花粉・胞子の地域変遷図

　　　　弥生時代前期　　　　　　　　　　弥生時代中期　　　　　　　　　弥生時代後期初頭

図7　瓜生堂遺跡P地区周辺の古地理変遷図（『巨摩・瓜生堂』1981より）

6　弥生時代後期（畿内第Ⅴ様式）

　沼沢地性の堆積物を覆って，青灰色砂層や粘土層が急速に堆積する時代である。それは図2のⅠ地区の層序にも明示されている。この時代の堆積物の層厚は1.5m以上に達する。弥生時代中期末～後期初頭を静穏期とすれば，この弥生時代後期は洪水期であり，三角州の発達期である。

　A地区からH地区にかけては，カヤツリグサ科・イネ科などの草本類が減少し，アカガシ亜属が増加してくる。このことは，沼沢地にイチイガシの平地林が拡大をはじめたことを示している。Ⅰ地区やJ地区では弥生時代前半まではイネ科・ヨモギ属・羊歯類胞子の多い草原の環境が維持されているが，弥生時代後期後半に入ると，再びアカガシ亜属が増加の傾向を示し，イチイガシ林の再生がうかがわれる。このように，弥生時代後期の瓜生堂遺跡周辺は，それ以前の中期の100基以上もあると推定される方形周溝墓をもつ大集落の発展期に比して，人口圧は，はるかに希有である。

7　庄内期

　この時代に入ると，イチイガシ林を破壊して，瓜生堂遺跡周辺でも水田が造成され，稲作が行なわれる。開発は南から北へと進行した。しかし，こうした庄内期～古墳時代の人々の開発と森林の破壊によっても，マツの二次林は顕著に増加しない。邪馬台国の時代を通して河内平野の瓜生堂遺跡周辺は，いぜんとしてイチイガシを中心とする照葉樹の森の中にあった。

8　まとめ

　以上，河内平野の瓜生堂遺跡周辺の古地理の変遷をみると，図7のようになる。畿内第Ⅰ様式の時代は居住空間の拡大・前進期，畿内第Ⅱ様式の時代は居住空間の縮小・後退期，畿内第Ⅲ・Ⅳ様式の時代は拡大・発展期，そして畿内第Ⅴ様式の時代は縮小・後退期，庄内期は再拡大期ということができる。こうした瓜生堂遺跡周辺の集落の拡大・縮小は，三角州の前進・後退と密接なかかわりがあることがあきらかとなった。

註
1) 安田喜憲「瓜生堂遺跡の泥土の花粉分析」瓜生堂遺跡Ⅱ，瓜生堂遺跡調査会，1973；安田喜憲「倭国乱期の自然環境」考古学研究，21―3，1977；安田喜憲「大阪府河内平野における弥生時代の地形変化と人類の居住」地理科学，27，1977；安田喜憲「大阪府河内平野における過去一万三千年間の植生変遷と古地理，第四紀研究，16，1978；安田喜憲「瓜生堂遺跡の泥土の花粉分析Ⅱ」瓜生堂，大阪文化財センター，1980；安田喜憲「瓜生堂遺跡の泥土の花粉分析Ⅲ」瓜生堂遺跡Ⅲ，瓜生堂遺跡調査会，1981；安田喜憲「瓜生堂・巨摩廃寺遺跡の泥土の花粉分析」巨摩・瓜生堂，大阪文化財センター，1981
2) 註1)の1980年文献に同じ
3) 粉川昭平「瓜生堂遺跡出土の植物種子」瓜生堂，大阪文化財センター，1980
4) 註1)の1980年文献に同じ
5) 註3)に同じ
6) 註1)の1981年『巨摩・瓜生堂』文献に同じ
7) 中野武登「瓜生堂遺跡堆積土の珪藻分析」瓜生堂遺跡Ⅳ，瓜生堂遺跡調査会，1981

畿内の生産

帝塚山短期大学教授
■ 田代克己
（たしろ・かつみ）

弥生中期以前には水田跡や銅鐸鎔笵の出土例が増加するが，
後期になると生産を知る手掛りはほとんどなくなってしまう

　弥生時代の生産をとりあげて考えようとする場合，もっとも重要な問題は，稲作を主とする農耕生産についてであろう。そこでは当然のことながら，水田のあり方や収穫量などが，どのような状況にあったかが問題となるし，この農耕生産と直接関連している鍬や鋤などの木製農耕具の生産や，これらを製作するための，石製あるいは鉄製の工具類の生産や流通についても，重要な問題が含まれている。さらに集落の数や規模等々，さまざまなことが，それぞれ解決されるべき問題として，提起されてくるのである。

　青銅器については，それが直接生産に関係するものでなく，精神的なもの，あるいは政治的なものとしてとらえられているだけに，さらに大きな問題を含んでいると言えよう。

　弥生時代中期以前の状態については，水田跡の発見があったり，銅鐸鎔笵の出土例が増加するなど，多少なりとも考えるための材料はあるが，『魏志』倭人伝の時代，すなわち弥生時代後期に限ると，畿内の生産については，いずれにしても，具体的に知ることのできる資料は，現在のところまったくないと言ってもよい状態である。したがって何一つ具体的に例をあげて述べることはできないとしか言いようがないが，弥生時代中期の様相にもふれながら，以下思いつくままに記すこととしたい。

　河内平野のほぼ中央の低地に位置する瓜生堂遺跡では，過去数年にわたる発掘調査によって，主として，弥生時代中期の方形周溝墓や土壙墓，住居跡，溝，水田など多くの遺構が検出されている。また，土器はもちろんのこと，鍬や鋤などの農耕具，斧や手斧柄などの工具，木製容器などの木製品や，石庖丁，磨製石斧などの石器類など多くの遺物が発見されている。

　これらの遺物のうち，木製品については，農耕具にしても，工具柄や容器類にしても，未完成品はまったく認められず，製作過程を示す遺物もない。また，磨製石斧についても未製品は認められ

ず，石庖丁にはわずかに未製品が認められるものの，大半は完成品である。これらのことは，瓜生堂の集落では，木製品や磨製石斧などはまったく製作されておらず，すべて他から供給されていた結果を示していると考えられるのである。

　北摂の代表的な安満遺跡や，和泉の池上遺跡でも，多くの木製品や石器などが発見されているが，完成品だけでなく，原材や原石もあり，さらに製作過程にある未製品も多く認められ，明らかにこれらの集落では，木製品や石器が製作されていたことが知られるのである。木器にしても石器にしても，必要なものはすべて自らの集落内で製作していて，いわば安定した状態にあったとみられるのである。

　これに対し，瓜生堂の集落は，木製品や磨製石斧などに関する限り，一方的に供給される側の集落であって，安満や池上の集落とは異なった状態にあった集落であると言える。そこでは，供給する側のいくつかの集落との間に，より強固な結びつきが保たれていたことがうかがえるわけであり，弥生時代中期の段階にあって，他にはみられない，より広い範囲でのまとまりのあったことが想定されるのである。

　弥生時代中期後半，瓜生堂の集落は，旧大和川によって運ばれた大量の砂によって覆われ消滅する。大洪水に伴ったものと考えられ，水が流れ落ちる際にえぐり取られ，北半分の盛土を完全に消失してしまった方形周溝墓も検出されている。

　この洪水なり，厚い砂の堆積によって影響を受けたのは，何も瓜生堂の集落だけに限られたことではなかったであろう。おそらく河内平野の低地に存在した集落の大部分が，壊滅状態になったと考えてもよいであろう。

　この後，瓜生堂遺跡では，再び弥生時代中期にみられたような，大規模な集落が営まれることはなかった。集落のあったところへ帰って来ても，全面に厚い砂で覆われ，とうてい水田を営むことはできなかったにちがいない。元の集落のあった

49

土地を捨てて，他の適地に移り住んだのであろう
が，そこでは当然集落の再編成がおこなわれたは
ずである。

　それは，河内平野の低地に集落を営んでいた人
人の間にだけでなく，生駒山西麓の扇状地上に住
んでいた人々をも巻き込んだものでもあったし，
さらに広く他の地域にも及んだこともあったにち
がいない。

　弥生時代中期末以降，畿内に限らず各地で磨製
石斧や石庖丁をはじめとして，ほとんど石器の使
用が認められなくなったことは，すでによく知ら
れている事実である。このことは，鉄器が石器に
とって変った結果とみられており，すでに常識化
されている。

　北部九州にくらべて畿内の場合は，確かに実物
としての鉄器の出土例は，きわめて少ないのが現
状である。しかし出土例の少ないことがなかった
ことを示すことにはならないのであって，必ずし
もあり余るほど豊富ではなかったかもしれないが，
少なくとも鉄器の不足を石器で補なわなければな
らないような状態ではなかったのであり，必要な
だけは十分確保されていたと考えられる。新しく
集落を形成し，水田を開いてゆく上で，鉄器のはた
した役割には大きなものがあったにちがいない。

　鉄器が普及したとはいっても，それが地金であ
れ製品であれ大陸製のものである限り，各々の集
落がそれぞれ自由に手に入れ得るものではなかっ
たにちがいない。また各々の集落が手に入れた鉄
器は，個人個人ではなく，集中的に管理されたと
考えられている。

　すでに弥生時代中期にみられた，より広い範囲
にわたる強固な結びつきは，この時期には，鉄器
を新たな媒介として，さらに広く強いものとなっ
たにちがいない。一元的であったかどうかは別に
して，供給する側が限られれば限られるほど，そ
のまとまりは，広く強固なものとなったと考えら
れるのである。

　北部九州の弥生時代中期の様相は，甕棺墓に副
葬された多数の銅鏡で代表されるように，畿内に
くらべて華々しい内容をもっている。唐津，糸島，
博多などの地域に，それぞれ王の出現したことを
示すものであり，後期にも『魏志』倭人伝に記さ
れた末盧，伊都，奴などの国々が存在し，これら
が一つにまとまった様子はみうけられない。

　畿内の弥生時代中期には，北部九州にみられた

ような王の出現は現在までのところ明確でない。
土器からは，大和と河内，摂津，和泉などがそれ
ぞれまとまった地域としてとらえられており，後
期にはほとんど地域性の認められるものがなくな
り，斉一化されてしまう。土器からみる限り，よ
り広いまとまりとしてとらえられるわけである。

　北部九州とちがって，畿内がより広くまとまっ
てゆく大きな要因の一つに，鉄器を入手すること
が容易でなかったことをあげることができるので
はないだろうか。

　青銅器の生産に関しては，後期の段階でどのよ
うな状態となっているのかを，具体的に知ること
のできる材料はまったくないと言ってよい。わず
かに奈良県田原本町唐古遺跡で発見された銅鐸鎔
笵などが，後期の土器と伴った例があるだけであ
る。銅鐸鎔笵については赤穂市上高野，姫路市名
古山遺跡，同今宿丁田遺跡，茨木市東奈良遺跡，
向日市鶏冠井遺跡，東大阪市鬼虎川遺跡などで発
見されているが，いずれも石製のもので，名古山
遺跡，今宿丁田遺跡，鶏冠井遺跡，鬼虎川遺跡で
は伴出した土器からみて中期と考えられている
し，他の例でも新しいものでも中段階の銅鐸鎔笵
である。

　砂型によって製作されたと考えられる新段階の
銅鐸については，現在のところまったく資料はな
いが，東奈良遺跡や唐古遺跡では中段階の銅鐸に
続いて製作されていた可能性は強いと言えるであ
ろう。

　名古山遺跡や今宿丁田遺跡の土器は，圧倒的に
畿内系のものが多いとされている。東奈良遺跡で
は，摂津の土器にはない，流水文を描く銅鐸鎔笵
が多く発見されている。すでに中期の段階で，銅
鐸製作の震源地を大和あるいは河内に求めること
ができるようである。

　新段階には静岡県西部でも銅鐸の製作がおこな
われ，またもっとも新しい銅鐸は，それまでの分
布の範囲をこえて，高知県東部や紀南にまで及ん
でいる。これらの現象の背景が何であったかが判
明すれば，銅鐸のなぞも，あるいは邪馬台国のな
ぞをも解決することになるのであろう。

　銅鐸の原料については最近鉛同位体比による調
査研究が進み，朝鮮半島や中国大陸産のものであ
った可能性が増々強くなってきている。製品であ
れ地金であれ，鉄と同様にそれは十分安定した状
態で供給されていたとみて誤りはないはずである。

50

畿内の集落・人口

大阪文化財センター
中西靖人
（なかにし・やすと）

河内平野の人口は約1万数千人と推定されるが自然環境に恵
まれた大和盆地はそれ以上の人口を擁していたと考えられる

邪馬台国の存在した時代の実年代を求めると3世紀だと言われている。3世紀のわが国の考古学の時代区分が問題となるが，ここでは弥生時代後期から古墳時代初頭として，以下大阪府下における当該時期に営まれた集落について概観してみたい。なお，紙面の都合上，北摂，中河内，和泉の代表的集落について各々の拠点集落と，それに後出する集落の立地する条件を見ていくこととしたい。

また，人口については現在適確に類推する材料を持ち合せていないので，集落の中で若干ふれるにとどめさせていただくことを御了解願いたい。

1 弥生時代後期の自然環境

まず，畿内の弥生時代後期の自然環境を簡単に整理しておく。自然環境を考えるに当っては，変化に一番敏感な立地条件にある遺跡が端的に物語ってくれる。河内平野中央部に存在する遺跡群は，昭和51年以降，近畿自動車道の建設に伴う発掘調査が実施される中で，徐々に全貌が明らかになってきている。

それによると，この低湿泥地に立地する遺跡群は，弥生時代中期中葉以降，安定した自然環境の下で，各集落はその内容や規模が，前期と比較して飛躍的に発展，拡大した。しかし，この発展した集落も中期末以降，徐々に兆候が現われる自然環境の変化が，後期中頃には本格的なものとなり，大量の砂やシルト，あるいは部分的には粘土によって埋没してしまっている。これは，当時の自然環境が極めて不安定であり，大阪湾口の細狭化と気象条件があいまって，水害が繰返し起ったものと考えられている。さらに，この不安定な環境は古墳時代前期まで確実に継続していることも明らかとなっている。したがって，『魏志』倭人伝の時代は，自然環境の面から見れば，不安定な混乱の時代であったと言えよう。

2 北摂地方

淀川右岸，摂津山脈の南斜面と，その前面に形成された扇状地に立地する遺跡の中で，ここでは，その内容が一番把握されている高槻市の安満遺跡と，その分村としての遺跡群をみてみよう。

安満遺跡は，大阪府高槻市の東部に所在する東西1.2km，南北300mの範囲に拡がる弥生時代前期から出現した拠点的集落で，標高8〜12mの低地に立地する。本遺跡は，昭和40年代以降の数次にわたる発掘調査によって，集落構造や規模の変化が概ね把握されてきた。それによると，約200m四方の環濠集落として弥生時代前期に出現した集落は，中期には東西方向が600mに拡大し，後期になると，東と西に村の中心部が2分され，1.2kmの範囲に拡大した。

一方，安満遺跡の周辺には，多くの後出する遺跡群が存在している。北西約1kmの丘陵突端部には，中期初頭に天神山遺跡が，また西の芥川の対岸には，同じ時期から郡家川西遺跡が出現した。これらの集落は，その後，後期にも継続しているが，さらに中期末から後期になると遺跡の数は増加し，標高100m前後の丘陵上に集落が出現するようになる。芝谷，萩の庄，紅茸山，古曽部等々である。これらの集落は，いずれも拠点集落としての安満遺跡からの分村として理解されている。しかし，この時期に出現する集落が，すべて丘陵上に，いわゆる高地性集落としての分村のみでないことも注意しなければならない。先述した郡家川西遺跡との関係が極めて強いとされる津の江北遺跡などは，むしろ母村となる拠点集落よりさらに低い部分に出現する後期の集落である。

さて，これら三島平野の遺跡群の調査を永年指導してきた原口正三氏は，紅茸山遺跡から検出された18基の竪穴住居のうち，第3号住居の検討を行ない，一辺約5mの竪穴住居に居住可能な人数を5〜6名程度と仮定し，それに基づいて紅茸山集落の一時期の人口を約20人ほどと推定している。

近接して存在する芝谷遺跡では33基の竪穴住居が検出されており，時間的，面積的な検討を度

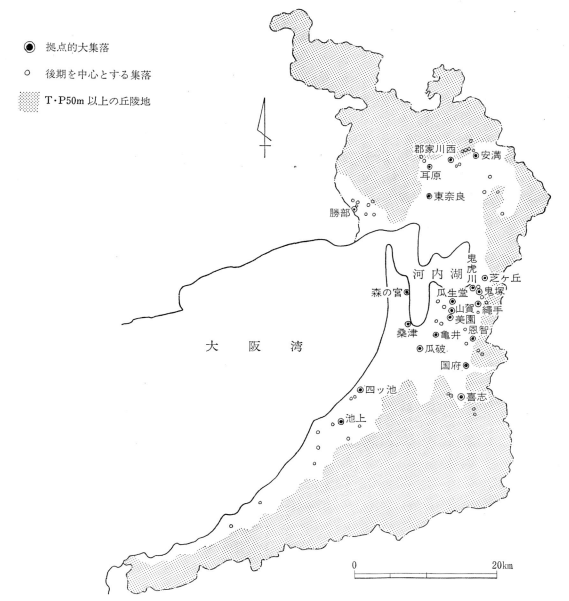

大阪府下の遺跡分布図

外視して前述の紅茸山集落の人口を単純に当てれば、芝谷集落の人口は30～40人程度となる。このように、拠点集落に後出する集落の人口を考えるとすれば、安満遺跡を核とする前述の地域（郡家川西、津の江北は除く）を分村からなる単位集団として、その一単位の人口は、推測の域を出ないが、300人前後、いくら多くても500人以内であろう。

三島平野において、安満遺跡と同様に弥生時代前期もしくは中期初頭から出現し継続的に営まれた拠点集落を郡家川西、耳原、東奈良、太田などに認めれば、4～5単位となり、弥生時代後期における北摂地域の人口は、全体として1,500人から2,000人ほどではなかろうか。

3 中河内地方

北摂の地は丘陵がせまった比較的狭い三島平野であるのに対して、中河内の地は、広大な河内平野と、生駒西麓の扇状地及び上町台地からなる極めて面積の広い地域である。したがって立地条件も異なることから、平野中央部、生駒西麓、上町台地に別けて概観する。

52

平野中央部における弥生時代後期の集落のうち，弥生時代前期から中期へ継続した大集落（瓜生堂，山賀など）では，いまのところ居住空間としての遺構（竪穴住居や掘立柱建物）は確認されていない。このことは，自然環境でも触れたように，不安定な情況下にあって，中期まで居住空間として機能してきた場所が，砂やシルトで埋没していく中で適地性を失なっていった結果であろう。しかし，人々が完全に平野部での生活を放棄したのではない。中期末まで居住空間として機能してきた場所が，砂やシルトや粘土によって埋まった地面に水田跡や方形周溝墓が検出されることが瓜生堂遺跡をはじめ，巨摩廃寺，若江北，山賀，美園などの諸遺跡で認められ，少なくとも前期中葉から後葉にかけて出現した集落は，中心部を近接する微高地に移しながらも，引き続き平野中央部にとどまっていると考えられている。

一方，一部中期に逆昇る可能性はあるものの，後期後半に大きな広がりを見せる遺跡群も存在する。上小阪，小若江，久宝寺，加美等々である。後に生駒西麓で扱う中田遺跡もこの中に入れてもよいであろう。とくに久宝寺と加美についてみると最近，調査面積が広がる中で，東西，南北ともに 1km 四方に及ぶ一大集落になる可能性が強まっている。当時存在した河内湖沿岸に近い部分に当る前述の継続型の集落が，いく分か縮小していったと考えられるのに比較して，後出するこれら諸遺跡が後期後半に膨大なまでに拡大することは注目されるべきであろう。さらに加美の竪穴住居内からは，銅鏃と実戦的な銅剣が発見されており，周辺遺跡からの銅鏃の出土例も多い。

このように，弥生時代後期後半の平野中央部に存在した集落は，継続型の集落と後出した集落が近接しており，平野中央部は，ほぼ全面的に人々の活動空間化しているといっても過言ではあるまい。

生駒西麓はどうであろう。弥生時代前期に出現した集落は，中垣内，和泉，鬼塚，鬼虎川，縄手，恩智など，扇状地の突端部に存在するものが知られている。これらの集落は，大部分がやはり継続型の集落であり，各々の地域の拠点集落として位置づけられる。一方，これら拠点集落から別れていったと考えられる遺跡も北摂の安満の例と同様に存在する。恩智遺跡を核とする集落としては，平野部に立地する中期からの東弓削遺跡や後期から

らの中田遺跡などがある。また丘陵部に立地するものとしては，後期からの平野遺跡や高尾山遺跡などの高位置に立地する集落が知られている。とくに高尾山からは多鈕細文鏡が発見されたこと，恩智の東の山腹から2個の銅鐸が出土していることなど，中河内における青銅製祭祀具が集中していることは注目される。

生駒西麓の集落は，恩智例のごとく北摂の安満と同様，核となる拠点集落と分村による集落が存在し，後出する後期の集落は一方は丘陵上へ，また一方はより低地へと別れていることが窺える。

上町台地の東側にも継続型の集落が存在する。森の宮と桑津であるが，両遺跡とも集落の規模や内容はあまり把握されていない。

以上，中河内の集落を概観してきたが，人口となると極めて難題である。前述のごとく，河内湖に面した平野は，ほぼ全域人々の活動空間となっているが，各々の集落は，そのごく一部分しか把握されていないこと，また平野中央部と生駒西麓及び上町台地では立地条件が異なるからである。したがって，まさに推定するのみであるが，大胆に安満で予測した一単位の人口を拠点集落に単純に当てはめれば，中河内で 14〜15 集落，南河内では2集落として河内南部全体として 6,000 人から 7,000 人ほどであろうか。

4 和泉地方

大阪府南部の和泉地域では，和泉山脈から延びる洪積段丘が発達し，沖積地がほとんど見られないまま前面に大阪湾が広がっている。弥生時代の集落は，主に低位段丘及び後背低地，自然堤防上に立地している。現在知られている限りでは，弥生時代前期から始まる大集落として，四ツ池と池上の両遺跡が中核的な役割を果していると思われる。また南部の岸和田市域にも，春木八幡山など前期から継続する遺跡が知られている。

四ツ池遺跡は，石津川下流の低部段丘縁辺付近に立地し，弥生時代全般を通じて営まれた拠点集落である。周辺には前期末から新しい集落が出現し始め，浜寺元町，諏訪の森，黄金山などの遺跡が知られている。海岸べりの砂丘上でも中期前半の墓地である日明山，中期から後期の漁業関係の遺物が豊富な伽羅橋，後期に出現する羽衣砂丘などの遺跡もある。

四ツ池遺跡の南西約 6km に所在する池上遺跡

は，面積 50 万 m² と推定される大集落である。とくに中期には，大溝を巡らせており，環濠集落として著名なものである。大規模な調査が実施され，環濠で囲まれた区域は約 10 万 m² に達することが推量され，南側には墓域が，北方には生産空間が広がると考えられている。池上遺跡は，弥生時代全期間を通じて営まれた拠点的大集落であることに加えて，わが国で知られている環濠集落の中でも最大級の規模を持つものであって，和泉地方の中でも，四ツ池と並んで 2 系列の中核的拠点集落として機能したことは疑いない。さて，池上周辺では，西方約 1.2 km に前期から池上と並行して出現した池浦遺跡が知られるが，中期には縮小している。また中期には大園，府中，和気などの遺跡が出現している。後期になると七ノ坪，要池など低地に立地するものと，惣の池，観音寺山などより高位置に立地する大規模な集落も出現し，北摂，生駒西麓と同様の現象が認められる。中でも観音寺山は平地との比高差は約 40 m であるが，その丘陵上には時間幅はあるものの総数 100 棟以上の住居跡が検出されており，二重の V 字溝を巡らせていることが明らかとなっている。

岸和田市周辺では，池上，四ツ池のような拠点集落として認識されている遺跡は明確ではないが，確実に前期から続く遺跡として春木八幡山や田治米宮内などの遺跡がある。また，中期になると，箕土路，下池田，栄ノ池などのやや大きな集落が出現している。これら三遺跡は一見，拠点集落の並立する状況のようであるが，中期初頭に始まる下池田集落からの分村・発展と考えられている。また，さらに南方の畑遺跡は中期後半のみの集落として遺物散布域約 70 万 m² に及ぶものであり，一つの集落としては一時期にあまりにも膨大なものである。和泉地方の中小集落がこの時期に集結した場所なのかも知れない。

さらに南部の貝塚，泉佐野，泉南にも弥生遺跡は散見されるが，その実態は不詳である。

さて，人口であるが，四ツ池の場合，後期には著しく集落規模は縮小したことが判明している。最近の調査によれば，中期の竪穴式住居が約 20 棟確認されており，その数倍の住居の存在が想定されるという。少なくともこのような拠点的大集落及び周辺の集落も含めた人口は，拠点集落で一時期 50 棟，周辺を含めても 100 棟前後と推定されることから，500 人ほどと考える。これは北

摂安満例とも齟齬しない。池上では，調査が実施された範囲だけでも数棟の単位が 5 グループ把握されており，全体では少なくとも 20 グループ程度は想定されることから，一時期 60 棟から 80 棟，人口にして 400 人前後は生活していたと考えたい。さらに観音寺山例や，周辺遺跡の増加を考慮すれば，池上を核とする地域は 1,000 人程度と推定される。これが正しいとすれば，岸和田以南の集落を含めた和泉地方の全人口は，2,500 人から 3,000 人程度と推定される。

5 まとめ

以上，極めて大雑把に大阪府下における集落と人口を見てきたが，最後に問題を整理してまとめとしたい。

まず，弥生時代中期末から後期にかけて出現する集落のあり方として二つのタイプが存在する。核となる拠点集落より低い場所に出現する集落と，高い場所に出現する集落とである。低い場所に進出する集落は拠点集落より大きな面積を占める場合が少なくない。自然環境の不安定なこの時期，これらの集落は逸早く鉄器が普及し，シガラミなどを含む水利技術が発達し，耕地の拡大に成功した結果ではなかろうか。

一方，高い場所に進出する集落は，いずれも小規模な集落であり，決して，拠点集落とは無縁ではいられなかったであろう。しかし，高い場所に立地する集落でも，高尾山や萩の庄と観音寺山を同一視することは出来ない。前者は，まさに特殊な任務を背負った高地性集落であり，後者は拠点集落と同様の一般的な集落だからである。

人口は，北摂で 1,500 人ないし 2,000 人，中南河内で 6,000 人ないし 7,000 人，和泉で 2,500 人ないし 3,000 人であるから，北河内を含めても大阪府下では 1 万人から 1 万数千人であろう。

弥生時代後期の集落分布を調査した石野博信氏は，中南河内の 36 遺跡に対して大和は 83 遺跡だと言う。だとすれば大和の人口は中南河内の約 2.5 倍，1 万 5 千人から 2 万人弱ということになる。河内と異なり，自然環境の変化にも，さほど強烈な影響を受けなかったであろう大和盆地の人口が，他地方をはるかに凌いでいるのは自明の理であり，それが意味するものは，おして知るべしである。本稿執筆に当っては，岸本道昭氏の援助があった。記して感謝する。

54

畿内の社会・生活
—籩豆手食の俗—

大阪大学助教授
都出 比呂志
（つで・ひろし）

> 3世紀の西日本の各地では，鉢と高杯形の土器が基本的な飲
> 食器であり，それは畿内も北部九州地方も同じ状態にあった

　筆者のテーマは「畿内の社会・生活」であるが，与えられた紙幅では，その全般を扱うことはとうてい不可能である。そこで，『魏志』倭人伝の時代の食器にしぼって述べることにしよう。

　さて，『三国志』魏書・倭人条は倭人の食生活について触れ，「食飯用籩豆手食」と記している。

　和田清・石原道博編訳の「魏志倭人伝」[1] では「飲食には籩豆を用い手食す」とし，「籩豆」に「たかつき」の訓みを与えている。

　また三品彰英は，その『邪馬台国研究総覧』の『魏志』倭人伝現代語訳において，「飲食には籩豆（竹木製の高杯）を用いているが手食する」と訳した[2]。

　ここに登場する「籩豆」「手食」の記載は，これまでにも邪馬台国の風俗記事の一項目として，その真ぴょう性をも含め，所在地論争の中でもとりあげられたことがある。

　たとえば橋本増吉は『東洋史上より見たる日本上古史研究』[3] において，縄文式土器や弥生式土器の中に高杯があり，したがって，その原型たる木器・竹器の存在も予想し得るから，倭人伝中の，この記事は架空のみとは言えないとした。

　さらに橋本は『北史』倭国伝に「俗無盤俎，藉以檞葉」とあり，飲食器として，かしわの葉を用いたと記すことを根拠に，この『魏志』の記事が北九州地方の土俗にすぎぬとする見解を批判し，逆に『北史』の記事こそ真実を伝えていないものとした。また橋本は，飲食器に言及したこの風俗記事からは邪馬台国の所在地が畿内とも北九州とも決めがたいとした。

　ところで，現在の考古学的研究の成果に照らせば，「倭人伝」の時代の3世紀における，列島社会の飲食器とは，いかなるものと考え得るであろうか。この作業は，ひいては「倭人伝」の風俗記事の真ぴょう性を評価する手がかりともなるであろう。

　なお筆者は，3世紀に相当する土器編年上の，土器様式を，畿内地方の第5様式新相から庄内式，そして布留式古相の一部の幅の中に入ってくるものと考えている[4]。つまり，3世紀の大部分は弥生時代後期後半と終末期とに相当し，定形化した前方後円墳は3世紀末から4世紀初頭の時間幅に成立したと考えている。

1　3世紀の飲食器

　弥生時代の飲食器のうち，畿内地方のそれについては，旧稿「畿内第五様式における土器の変革」において，後期の土器を中心に考察したことがある[5]。本稿と関わる部分に限って，その要点を抽出すると次の通りである。

　① 弥生土器の器種構成の比率について時期別の統計的な比較を行なうと，前期においては，壺と甕とが相半ばして器種全体の 98% を占め，中期において鉢が 5～6%，高杯が 7～13% と，その比率を高めるが，後期にいたっては，鉢が 10～20%，高杯が 15～25% を占め，その比重を著しく高めるにいたる。

　② 鉢は，中期・後期においては，0.3l の小形と，2～5l の大形との区別があり，中期においては大形の比率が高いのに対し，後期になって小形品の比重が著しく高くなる。

　③ 高杯は，中期においては小形よりも大形の比重が高いのに対し，後期では大形品が消滅して，0.5l 前後の小形と，1.0～1.2l の中形とに分れ，この2種の高杯は庄内式以降にも継続する。

　④ 以上の鉢と高杯のうち，後期において小形品の比重が増加すること，その容量が，今日のわれわれの食器の容量に近いことから，これら小形の鉢や高杯は「個人別食器」と考えうる。また，奈良県唐古遺跡では前期の第1様式の土器に伴う木製の鉢や高杯が豊富であるから，中期以前では木製の飲食器の比重が高かったと考えてよい。

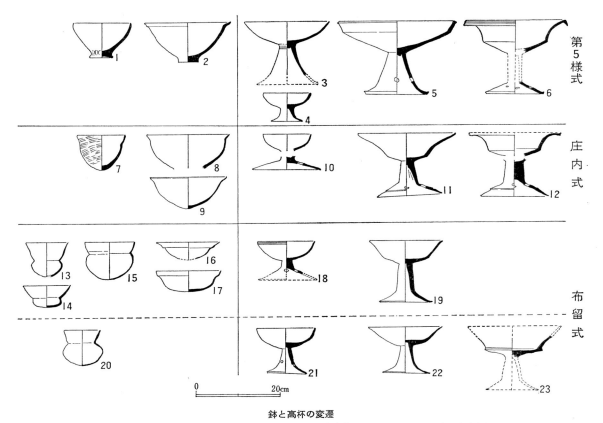

鉢と高杯の変遷
1・3〜6 大阪府西ノ辻　2 大阪府瓜破　7〜12 大阪府東奈良　13・14・17・19 大阪府小若江
15・16・18・20〜23 大阪府船橋

　畿内地方の弥生後期における小形の鉢と高杯の比重の増加を，個人別食器が土器として定着した結果と評価した筆者の以上の考えに対し，佐原真氏は次のように述べている。

　「畿内の後期弥生土器の鉢（口径12〜15cm，高さ8〜12cm，容量0.3〜0.5ℓ）はかなり多量に存在し，日常用の銘々器となる公算は大きい。しかし後続する庄内式土器にこれを受け継ぐ器種がそう数多くあるわけではないらしい。そしてさらに下って布留式土器には，この形の鉢はなく，かえって小形丸底土器が多数存在する器種として存在している。そして，これが日常用か祭儀用かは未解決である。」「なお，畿内を離れて九州をみると，終末期の弥生土器に杯ないし浅皿というべき器種があり，この器種は須恵器出現前の土師器にも受け継がれている。銘々器出現の系統的発展は九州でこそ正しく追えるのかも知れない。」[6)]

　少し長く引用したのは，氏の指摘が重要であり，かつ，筆者の見解とは，少し異なる点があるからである。

　たしかに，弥生後期の小形鉢には2種類あり，この2種がそのままの形態では，庄内式・布留式に継承されていない。しかし，鉢のうち1器種は，庄内式，布留式へと継承されている（図8・9・16・17）。

　また，布留式において成立する小形丸底土器のうち，Aタイプ（図14）の中には胴部の容量の極端に小さいものがあり，食器としての用途を考えにくいものが含まれるし，小形丸底壺Bタイプの新しい段階のもの（図20）では，底部外面に煤の付着するものがあり[7)]，もし，これが液体を中に容れ，二次的に加熱して使用する容器とすれば，食器というよりも，酒器あるいは飲用器，また，その転化形態としての，神の酒器たる祭器と考えることも可能である。

　しかし，ここで忘れてならない重要なことは高杯の存在である。高杯は，0.5ℓ前後の小形と1.0〜1.2ℓの中形の2種の高杯が，弥生後期から庄内式，布留式へと，須恵器出現にいたるまで連綿と継続しており，系統性がスムーズにたどれるこ

とに注目すべきである。

一般に，高杯を祭器，供献用容器とみる考え方は，まだまだ根強い。弥生時代の大形の高杯，とくに装飾文様が豊かなものや，赤色の彩色を施すものについては供献用容器の可能性が高いし，祭祀遺跡において，小形の高杯が供献用容器として発見されることは多い。しかし，高杯は，人が飲食に使用する容器であるからこそ，神もこれを使用すると考えられたとすべきであろう。

弥生時代後期以降の住居跡において，火災のために床面に当時の人の生活用品がそのまま遺存した例において，複数の壺や甕とともに，小形鉢と小形高杯とが，それぞれ5〜6点ずつ，完形のまま出土することはしばしばあり，日常の飲食器としての高杯の機能は否定することはできないと思われる。

こう考えれば，畿内地方においては，高杯と鉢とが小形飲食器として，弥生後期以降，系統的に発展していることが認められるのである。

西日本の，他の地域をみると，中部瀬戸内地方においては，たとえば，岡山県上東遺跡[8]においては，小形高杯は後期の鬼川市Ⅱ式から顕著な存在となり，その後も順調に継続しており，庄内式新相併行の下田所式，布留式併行の亀川上層式においては，これに浅皿形態と埦形態とが加わっている。

また北部九州についてみれば，西新町式において，小形高杯と浅皿の鉢とが成立しており，両者ともに，布留式併行期まで系統的にたどれる。田崎博之氏による器種構成の統計整理の成果[9]を読みとると，これら各期の高杯は，全器種中の15〜20%を占め，鉢はこれと同率か，やや少なめの値を示しており，畿内地方における鉢と高杯との関係に似ていることがわかる。

西日本の各地では，以上に考察したように，小形の飲食器が土器の形で弥生後期に成立するのに対し，関東では庄内式新相ないし，布留式併行期になって，似た現象が出現する。東日本が一段階遅れていることは，習俗の地域差として注目に値する。

2 籩豆とは何か

さて，『三国志』が記すところの「籩豆」とは，いかなるものであろうか。

林巳奈夫氏は，『漢代の文物』五　什器，（三）

食器において，次のように述べている。

「『爾雅』釋器に，木豆謂之豆，竹豆謂之籩と，即ち木で作つた豆のことを豆といひ，竹を編んで作つた豆を籩といふ」また「『説文』に豆，古食肉器也と，即ち豆とは古の肉を食べる時の器である，といふやうに，漢代には昔の食器と見られてゐたものである。」[10]

冒頭で述べたように，『三国志』の籩豆についての古来の注釈もすべて，籩を竹製の高杯，豆を木製の高杯と解釈する点で一致している。

ところで，先に筆者が考察したように，3世紀の西日本各地における主要な飲食器が土製の鉢と高杯だとすれば，『三国志』が記す倭人の習俗との不一致を，どのように説明すべきであろうか。『三国志』が誤っているのか，それとも『三国志』は土器よりは考古資料として残りにくい竹製，木製の高杯の存在を証言しているのであろうか。

この問題を検討するために，『漢書』から『新唐書』までの中国正史のうち，東夷の列伝中，飲食器について述べた記事を比較することにしよう。現代語訳をかかげるときの典拠としては，井上秀雄ほか訳注の『東アジア民族史』1・2　正史東夷伝[11]を使用する。

まず，倭についてみると『三国志』『後漢書』『通典』が，「籩豆手食」と記し，『梁書』と『南史』が「籩豆」を用いるとし，『晋書』は「俎豆（そとう）」を用いるとする。ただ『隋書』と『北史』とはともに「盤俎がなく，槲葉に盛って手食」とする点で異なっている。

夫餘については『三国志』と『後漢書』とが，「俎豆」を用いるとし，濊については，『後漢書』が「籩豆」，高句麗については，『魏書』と『北史』が「俎膳」を用いるとし，『旧唐書』『新唐書』ともに「籩豆，簠簋（ふき），罍（そん），甂（らいせん），俎，罍洗（らいせん）」と記す。また新羅については『旧唐書』が飲用器として「柳栢」を挙げ，『新唐書』は「銅製・瓦製の栢（りゅうはい）」もあることを記す。

さて，東夷伝中で，もっとも特異なのは挹婁（ゆうろう）である。『後漢書』『三国志』『通典』がいずれも「俎豆なし」と記し，このうち『三国志』には「東夷は飲食する時，だいたいみな俎豆を用いているが，挹婁だけは用いず，法制的にも，習俗的にも最も乱れていて綱紀がない」（江畑・井上訳）[12]とする。

この「俎豆」に関して，田中俊明・井上秀雄両氏は『後漢書』夫餘伝の訳注において，「俎豆は

祭祀のとき供物を盛る器の総称である。俎は犠牲をのせる台，豆は高杯である」と解釈している。

さて，『漢書地理志』の玄菟・楽浪二郡の風俗に関する叙述において，次のような記事があるのは，以上の東夷伝中の差異を比較する上で，注目に値する。

「（この地方の）農民は飲食のさいに籩豆を用いるが，都市（に住む人々）は，はなはだ真似がすきで，役人や中国の商人を見ならって，しばしば杯器を用いて飲食する」（江畑・井上訳）[13]。

この記事と，先述の挹婁伝とを比較すると，東夷伝は，総体的に飲食器の風俗の中にも，漢民族の文明に対する接近度の差，生活水準の差を比較しているように考えられる。

そして，東夷の中において挹婁はもっとも生活水準が低いと考えられており，『三国志』などにおける倭人は，籩豆や俎豆を用いる点で，いちおう東夷の平均的な水準を達成していると評価されているのである。

このように考えれば，『隋書』が「無盤俎，藉以檞葉手食」と記し，『北史』も同様の記述をするのは特異というべきである。また6～7世紀の考古資料によれば，この時代の飲食器としては須恵器や土師器の杯，皿，高杯が一般民衆の間にさえ広く普及している。このことに照らしても，『隋書』『北史』の，この部分の叙述には，恣意性が認められるといわねばなるまい。

3 むすび

考古資料である土器の研究から，西日本の3世紀の飲食器が土製の高杯と鉢とであることを考察した。これに対して，『三国志』倭人伝は竹製や木製の高杯の使用を説く。この不一致をどのように説明すべきであろうか。

さて，『三国志』に記す「風俗記事は三世紀の倭の時代のものでなく一～二世紀の後漢のもの」とする江上波夫氏らの解釈がある[14]。もし，これが成立するとすれば，少なくとも弥生時代の前期・中期においては飲食器に木製の高杯を使用しているから，この古い時代の習俗が描かれているとも解釈し得る。

しかし，先に中国正史の東夷伝中の各地の飲食の風俗の記載を比較したように，「籩豆」や「俎豆」を用いるかどうか，が漢民族の文明生活の水準にどれだけ近づいているかのメルクマールとな

っているとも考えられ，各地の飲食器の実態が忠実に叙述されているかどうかは疑わしいとも言えよう。

また，「籩豆」を，広く「高杯」一般の意に解釈すれば，3世紀の西日本の習俗と一致することとなろう。

上記，いずれの解釈をとるにせよ，3世紀の西日本の各地では，鉢と高杯形の土器が基本的な飲食器だったのであり，この点で，畿内地方も，北九州地方も同じ状態であった。いずれにせよ，この記事のみでは，邪馬台国の所在地が，西日本のどこかである以上には語れないのである。

註

1) 和田　清・石原道博編訳『魏志倭人伝・後漢書倭伝・宋書倭国伝・隋書倭国伝』岩波書店，1951，p. 45

2) 三品彰英編著『邪馬台国研究総覧』創元社，1970，p. 52

3) 橋本増吉『東洋史上より見たる日本上古史研究―邪馬台国論考』1932（改訂増補版），1956 東洋文庫，p. p. 384～406

4) 都出比呂志「前期古墳の分期と年代論」考古学雑誌，67―4，1982

5) 都出比呂志「畿内第5様式における土器の変革」考古学論考―小林行雄博士古稀記念論文集，平凡社，1982

6) 佐原　真「食器における共用器・銘々器・属人器」奈良国立文化財研究所創立30周年記念論文集刊行会『文化財論叢』1983，p. p. 1150～1151

7) 加藤　優・稲田孝司・金子裕之・山本忠尚「遺物」奈良国立文化財研究所『平城京 左京 三条 二坊』（奈良国立文化財研究所学報，25）1975，p. 34

8) 伊藤　晃・柳瀬昭彦ほか「上東遺跡の調査」岡山県埋蔵文化財調査報告書，2，1974

9) 田崎博之「古墳時代初頭前後の筑前地方」史淵，120，1983

10) 林巳奈夫編『漢代の文物』京都大学人文科学研究所，1976，p. 239

11) 井上秀雄ほか訳注『東アジア民族史　1・2，正史東夷伝』1 1974，2 1976，平凡社

12) 註 11) 文献，1，p. 68

13) 註 11) 文献，1，p. 340

14) 大林太良『邪馬台国』中央公論社，1977，p. 6 が江上氏の考えを紹介している。

特集 ● 邪馬台国を考古学する

邪馬台国の周辺

邪馬台国をとりまく国々はどんな情況だったろうか。魏の都洛陽から福岡平野に想定される奴国まで順にその道を辿ってみよう

中国／朝鮮／対馬国／一支国／末盧国／伊都国／奴国

中国

県立橿原考古学研究所
河上邦彦
（かわかみ・くにひこ）

三国時代の考古学は今後の調査研究にまつべきところが多いが，都城跡や墳墓などわが国との比較上みるべきものが多い

邪馬台国の女王卑弥呼が難升米らを使者として洛陽に送ったのは景初2年（238）の事であった。この時代中国の正史では三国時代と呼ばれ，西晋が全国統一する泰始元年（265）までの約半世紀の分裂時代であった。曹操の死後，その子曹丕は魏を建て年号を黄初（220）とした。前後して，劉備は三顧の礼ののち諸葛亮を得て蜀漢を建てた。孫権は呉国を建てる。この時代の正史は晋の陳寿によって書かれた『三国志』がある。しかし彼ら，建国の英雄たちは後世に書かれた小説『三国史演義』に生き生きと記され，今も中国人の最も愛読するところである。中国人は，彼の英雄たちを語るとき，それがあたかも昨日の出来事かのようにいう。その内容がかならずしも史実と異なることであっても歴史を身近かなものとして受けいれている。ここに中国人の歴史に対する受け取り方を見ることができる。われわれ日本人はこのような形で歴史を語ることは少ない。三国時代に日本人が洛陽にまで行き，中国の歴史の一場面を見ていたという事実は驚異でさえある。歴史を身近かに感じることは『三国志』の内に日本人が登場するということから始まってもよいのではないか。そのような意味では最近の邪馬台国研究が市民レベルで語られ始め，また邪馬台国問題の最初の提起国である中国人学者の研究参加[1]は歴史研究の新しい動向であろう。

今ここでは『魏志』倭人伝時代の中国を考古学から見ることにしたい。しかしこの時代のすべての遺跡を限られた枚数で述べることができないので都城遺跡と墳墓について洛陽を中心に述べるだけにしておきたい。歴史事件及び他の考古資料については次頁の表を参考にしていただきたい。

呉の都城 魏黄初元年（220），孫権は武昌を都にする。武昌城址は今の湖北省鄂城県城の東一帯で，俗に呉富城という。およそ方形をなし，一辺750mで，南壁と東壁は残りがよい。壁の幅は約10mで，残存高は4m。城の北部には子城があったがこれが孫呉武昌宮の所在地である。呉は呉黄龍元年（229）に遷都して建業を都とする。のち東晋はこれを建康と改めるが現在の南京である。『建康実録』巻2によれば「建業都城周廿里十九歩」とある。しかし今呉時代の城はほとんど残っていない。おそらく西は長江に沿い，北は玄武湖，東は鐘山，南は秦淮にのぞんだ地といわれている。尚西に設けられた石頭城は今もその一部が残っている。

一方，蜀漢の都は今の成都である。しかしその具体的な位置についてはよくわからない。このような呉・蜀漢の都に対して今なおその都城跡をよく残しているのが魏の城である。

59

三 国 時 代 の 考 古 年 表

年代			歴 史 事 件	主 要 考 古 遺 跡	主 要 紀 年 遺 物
後漢	184	中平元年	黄巾の大乱		日本奈良県で中平□年銘の太刀出土
〃	196	建安元年	曹操献帝を迎え，許を都とする		
〃	204	〃 9 〃		曹操鄴城を建てる	
〃	208	〃 13 〃	赤壁の争		
〃	210	〃 15 〃		曹操鄴城に銅雀台を作る	
〃	212	〃 17 〃	孫権建業を建てる	孫権建業に石頭城を建てる	
〃	218	〃 23 〃	曹操薄葬令を出す		
魏	220	黄初元年	曹操死ぬ。その子丕魏を建てる	曹丕洛陽に洛陽宮を作る	湖北鄂城墓で黄初二年銘銅鏡出土
〃	221	〃 2 〃	劉備蜀漢を建てる	曹丕陵雲台を築く	湖南長沙出土と伝える黄初二年武昌元鏡銘銅鏡
〃	222	〃 3 〃	孫権呉国を建てる		
〃	223	〃 4 〃			鄂城墓で黄初四年銘銅鏡出土
〃	225	〃 6 〃	諸葛亮南中を定める		鄂城墓で呉黄武四年銘銅鏡出土
〃	227	太和元年		湖北武漢に呉黄武六年鄭□墓あり	鄂城墓で呉黄武六年銘銅鏡出土
〃	228	〃 2 〃			太和二年中尚方銘の銅烏丸釜甑あり
〃	229	〃 3 〃		浙江省紹興に呉黄龍元年墓あり	太和三年中尚方銘銅熨斗あり
〃	233	青龍元年			青龍元年中尚方銘銅香炉あり
〃	237	景初元年			景初元年中尚方銘銅帳構あり
〃	238	〃 2 〃	女王卑弥呼使を魏に遣わす	魏黄河の三門峡に桟道をうがつ	日本山梨県で呉赤烏元年銘銅鏡出土
〃	239	〃 3 〃			日本大阪府で景初三年銘鏡出土
〃	240	正始元年	日本使魏に至る		日本兵庫県で正始元年銘鏡出土
〃	241	〃 2 〃			南京晋墓中より正始二年銘銅弩機
〃	242	〃 3 〃		魏洛陽に太学を立てる	
〃	243	〃 4 〃	日本女王使を魏に遣わす		日本兵庫県で呉赤烏七年銘鏡出土
〃	247	〃 8 〃	日本女王使を魏に遣わす		河南洛陽墓で正始八年銘の鉄帳構
〃	251	嘉平3年			南京墓で呉赤烏十四年銘の青瓷の虎子
〃	252	〃 4 〃			新疆で嘉平四年の木簡
〃	257	甘露2年		甘粛嘉峪関市一号画像磚墓	
〃	259	〃 4 〃		山西運城洞沟古銅礦遺跡に甘露年間の摩崖刻字あり	甘露四年銘銅鏡
〃	260	景元元年		武漢呉永安三年彭盧墓	甘露五年銘銅鏡 紹興呉墓から呉永安三年銘の青瓷
〃	263	〃 4 〃		江西南昌で呉永安六年墓	
〃	264	咸熙元年	魏，蜀をほろぼす		
晋	265	泰始元年	晋，魏をほろぼす 日本女王使を晋に遣わす		南京で呉甘露元年銘青瓷灯
〃	267	〃 3 〃		三門峡桟道を修築する	

鄴城 後漢の末，曹操が袁紹を破り，建安9年（204）に鄴城を建てた。これが魏の鄴都である。曹操の子曹丕が魏王朝を起し，洛陽に都を遷すまでの間魏の中心として栄えた。これは今の河北省漳県城の西南 17.5 km にある。漳河の氾濫により遺跡の保存は悪いが，有名な銅雀三台は残存している。『水経注』の濁漳水の条には「其城東西七里，南北五里，飾表以磚」とある。このような記録と遺跡の状態から鄴城のおよその方向と範囲を想定できる。

それによると城の平面形は横長の長方形で，東西 3,000 m，南北 2,160 m，南壁に三門，北壁に二門，東西に各一門があった。東西に貫く大道で南北の2つの部分に分け，北の中央を宮城地区とし，その西側を禁苑（銅雀園）とし倉庫や馬厩などもあった。苑の西北隅に3つの巨大な台榭建築がある。三台は各 60 歩はなれて存在している。北台は早く漳河によって流されている。中台は一部分が残っている。南台は現状で長さ100m 強，幅 50 m 強，高さは 10 m にも及ぶ。文献によれば曹操や貴族たちはこの三台で遊宴したという。しかしこの高い建築群の主要な目的は軍事的な性格のものと思われる。この事はこの近くに先の倉庫群が配置され，巨大な井戸などがあることからも判明する。宮の東側は貴族の住居区であり，“戚里”という。南区の中心には官署があった他は民衆の住んでいた地区であり，長寿・吉陽・永平・思忠の4里があったと『魏都賦』にみえる。

以上の復原を図化したものが最近出版された劉

敦楨主編の『中国古代建築史』に示されている。しかし伝え聞くところによると，ボーリング調査の結果城全体が主軸を北から東にずれていたとのことであり，三台のうち北台を北西隅にする復原は問題があるらしい。いずれ正しい復原案が発表されるであろう。この鄴都は戦国以来の伝統を残しながらも宮室・禁苑・官署などを北部に置くなど新しい都城区画がみられる。そしてこれを基礎として隋・唐の都城が作られたのである。なお東魏の時この鄴城の南に南城が築かれた。これが最近の研究でわが国の都城のモデルになったとされる鄴の南城である。

漢魏洛陽城 曹操の子曹丕は魏王朝を建てた黄初元年（220）洛陽を新都とし，城作りを開始した。これは今の河南省洛陽市の東 15km にある。この城に邪馬台国の使者難升米らがやってきたのである。試掘調査によってこの城が後漢の城跡を利用したものであることが証明されている。しかし魏はこの城をそのまま利用したものでなく，城壁・城外・城内の配置を少なからず変えたようである。文献によれば洛陽城内の修築は大夏門を特殊な配置に作りかえ，門内に景陽山を起し，陵雲台を作る。後漢の南宮を潰して城内の中部以北に宮苑を集中させる。後漢の宮殿建築は分散していたのでこうした北部に集中させる方法は鄴城を参考にしたものと思われる。城の南では後漢の国学を復活させる。こうした文献による以外，解放後の新中国では 1954 年以来この城の調査を中国社会科学院考古研究所が中心になって実施してきた。ところがこの城は魏が滅びた後も西晋や北魏の王朝が利用し都としたため，現在地表面にみられる遺構痕跡やボーリング・発掘などによって判明している大部分の遺構は北魏時代のものである。しかし後漢以来各王朝が修築を繰り返しているため各時期の遺構・遺物も検出されている。

今ここではその各時期の全貌については判明していない点が多いので，現状の漢魏洛陽城について簡単な事実だけを述べておこう。城の平面形はおおよそ縦長の長方形をしているものの南壁を除く各壁とも出入りがかなりある。初歩的な調査で城壁の規模が決定され，城壁の厚さは 25〜30m，東城壁は 3,862.7m，西城壁は 3,811m，北城壁は 2,600m であると判明した。晋代の『元康地道記』によれば南北 9 里 70 歩，東西 6 里 10 歩と記しており，実測との差が北城壁ではわずか 4m であるのに対し，東と西城壁がかなり短かくなっている。これは洛河が東・西城壁の一部と南壁をおし流してしまったからである。これによって古くからいわれていたようにこの城は九六城に符合することがわかった。

金墉城は魏晋代に築かれたものである。『水経注』や『洛陽伽藍記』によればこれは洛陽城西北角にあるとしている。長らくその具体的な位置につい

魏の鄴城平面復原図（『中国古代建築史』より）

漢魏洛陽城（北魏を中心とした復原）

て不明であったが，洛陽城西北に突出した小城が金墉城と確認されている。これは南北約 1,048 m，東西約 255 m で面積 2.6 万 m² の 3 つの部分からなる小城である。北魏の宮城は城の中央やや北よりにある。その範囲は南北 1,398 m，東西 660 m でボーリングによってその建物配置もかなり判明しているがここでは述べない。城内の西南よりに熙平元年（516）に建てられた永寧寺があって，その巨大な塔台基が今も残っている。これについては数年前に発掘された。

洛河の南には国学遺跡や霊台，明堂がある。しかしもとこれらの施設が洛水の北にあったとの記載があるので洛水の流れが変わったものといえる。霊台は後漢初年に作られたもので，天体観測所であるとともに宴会や政事も行なわれたらしい。1974年の発掘で中心にかなり大きな台基が認められ，これは東西 31.32 m，南北 41.33 m，高さ 8 m で，最上部は平台となり，第二段では房屋建築や土壁・柱礎石などがあった。第三段では回廊，最下段では石敷道が検出されている。台基の四周には土の壁があり，東壁の外には平昌門から続くと思われる大道があった。

国学は漢代には 3 万人の学生がいたというものであるが，魏に復活しその遺跡は一辺 300 m の方形の区画内で，ここから魏正始中（240〜249）の三体石経の残石などが発見されている。『洛陽伽藍記』に白馬寺は西陽門外三里の御道の南にあると記されている。今日の白馬寺は西城壁から東 1,250 m のところにあり，これは北魏の 3 里に一致する。このことから今の白馬寺は漢魏時代の白馬寺跡と考えられている。しかし調査が実施されていないので遺構についてはわからない。

以上三国時代の各都城について記したが，発掘調査がまだごく一部に限られ今後の調査がまたれる。

洛陽の墳墓　中原地域で三国時代の墳墓が集中して発見されるのはやはり洛陽である。規模によって考えると，王陵級の魏の墓はまだ発見されていない。また磚作りの中・小規模の墓もその数は少ない。たとえば洛陽澗西で発見された魏正始8年（247）銘の鉄製帳架出土の墓は，前・后室と2つの耳室から成る磚室墓で墓室の長さは約 8 m の規模である。この時期の墓があまり発見されていない理由として，この時代が約半世紀と非常に短かったこと，先の古墳のように出土遺物に年号

が記されていない場合，その前後の時代，つまり後漢か西晋の墓としてあつかっている可能性がある。たとえば晋の墓は洛陽でかなり発見されているが，この内に魏時代のものがあるかもしれない。さらに曹操は鄴城の西南にある高陵に葬られ，曹丕も洛陽の東，偃師県首陽山にある首陽陵に葬られたが，いずれも彼らの主張どおり薄葬であって，山によって陵を作り，土をもらず，樹を植えず，寝陵，園邑，神道を設けていない。こうした薄葬の考え方が王陵級の墓が発見されていない理由であろう。

洛陽の魏晋代の発見されている墓をみるとその分布にかたよりがみられる。つまり洛陽城の西である。この西方，つまり今の洛陽市のさらに西方丘陵上に 1 基のおもしろい古墳がみられる。双方中方墳とでもいうべき全長約 120 m の古墳である。この古墳は魏のものではなく，後漢以前のものと思われるが，同じ河南省密県の打虎亭漢墓のような双円墳のようなものと同じ中国の墓制からみれば不定形な古墳である。こうしたダブルあるいはトリプルマウンドの古墳が日本の前方後円墳に何らかの影響を与えたかについてはともかく，難升米がこの墳丘を見たかもしれない。それにしても邪馬台国の使者は当時魏では薄葬をしていたことを知っていたはずである。それにもかかわらず卑弥呼の墓が径百余歩もあるのか，魏の冊封体制内にあった邪馬台国で，魏に対する遠慮から土を盛らなかったのか，あるいは実際は盛土をした墓であったのに魏に対しては高さを伝えなかったのかもしれない。

三国時代の考古学は秦漢時代や隋唐時代のようにわれわれの目を奪うような遺跡・遺物の発見はまだない。邪馬台国がよくわからないように，この時代の事も今後の調査研究にまつところが多い。

註
1) 最近中国社会科学院世界史研究所汪向栄氏は『邪馬台国』を刊行した。また同考古研究所の王仲殊氏らも三角縁神獣鏡についての論文を発表している。
　　この小文を成すにあたり，『中国古代建築史』『文物』『考古』などの各報告・論文を参考にするとともに，中国社会科学院考古研究所の烏恩氏及び北京大学の宿白教授に援助を受けた。

朝鮮（帯方郡・狗邪韓国）

九州大学助教授
西谷　正
（にしたに・ただし）

魏の国から邪馬台国への直接的な出発点ともいうべき
帯方郡の所在地は諸説あるが，いまだ確定していない

帯方郡　『三国志』魏書東夷倭人条の冒頭に，倭人は帯方東南の大海の中にありとか，別のところで，帯方郡から女王国に至る間の距離が1万2千余里と出てくるように，中国の魏王朝にとって帯方郡は，倭への窓口であった。いわゆる邪馬台国論において，まず，その位置や里程が問題になるが，実は魏王朝から邪馬台国への直接的な出発点ともいうべき帯方郡そのものの位置も定かではないのである。この点に関連して，『漢書』地理志をみると，楽浪郡下の含資県の割注で，帯水は西帯方に至り海に入るとあって，帯方郡が西海岸にあって帯水に沿っていることになる。つまり，帯方郡の所在地をめぐって，帯水をどこに比定するかという点が一つのカギなのである。

まず，大原利武氏らは，帯水を載寧江の支流である瑞興川に考える。その場合，黄海北道鳳山郡の西鍾面・文井面から楚臥面にかけて分布する，中国色の濃厚な遺構や遺物が注目に値する。すなわち，瑞興川右岸の沖積地には，古唐城もしくは唐土城と呼ばれる土城が残る。平面台形の土塁は，総延長が2kmを越える。土城内からは，後漢光和5年（182）から西晋泰始7年（271）にかけて数世紀間にわたる紀年銘塼をはじめとする瓦・塼，土器，銭貨などが出土している。また，古唐城の西北4，5kmの地点には，塼築墳が知られ，一辺約30mの方墳の所用塼には，「使君帯方大守張撫夷塼」の名がみえ，帯方太守張撫夷の墳墓であることがわかった。その他の紀年銘塼のなかには戊や申の干支がみられるが，塼築墳の編年観からみると西晋武帝太康9年（288）が妥当であろう。こうして，張撫夷墓の発見は，前述の古唐城を帯方郡治跡とするのに好都合な資料とされた。

つぎに，今西龍氏らは，帯水を漢江に比定し，帯方郡をソウル付近とする。この場合，まず，ソウル特別市江南区に残る風納洞土城が注意にのぼる。土城は，漢江左岸の沖積地に立地し，南北に長く長方形に近い平面をもった土塁が，約2,250mにわたって現存する。洪水による消滅部分を復元すると，本来の土塁の総延長は，約3,500mと推定されるが，その場合，楽浪郡治跡のそれをはるかに凌ぐ規模となる。ただ，帯方郡ソウル付近説の難点は，ここには，ふつう郡治跡の周辺にしばしば認められる中国の官人墓がみつかっていないし，また，塼などの出土も聞かないことである。つまり，帯方郡が朝鮮半島南部の韓族や，日本列島西部の倭人に対処する出先機関であってみれば，黄海北道鳳山郡付近にみられるような，濃厚な中国的色彩が，ソウル付近でそれに優るとも劣らない密度で分布していてもよいのである。

さらに，関野貞氏らのように，最初，南方にあった帯方郡が，西晋時代になって北方の黄海北道鳳山郡付近に移ったとする考え方もある。

さて，帯方郡は，楽浪郡の南部を分割して置かれたので，その郡治跡は，楽浪郡治跡の南方に隣接する地域と考えるのが自然であり，黄海北道鳳山郡付近説が地理的位置からみてそれに相応しいし，また，それ相応の考古学的物証もある。このことに関して，帯方郡に属する含資・長岑各県に想定される有銘塼が，隣接の黄海南道の安岳・信川両郡から出土していることも参考になる。

ともあれ，現在のところ，帯方郡および帯方郡治跡の所在地は確定していないといわざるをえな

帯方太守張撫夷塼

い。古唐城は，現在，智塔里土城と呼ばれている
ようであるが，1954年にその付近に原始の遺物の
散布があることが注意にのぼり，智塔里遺跡とし
て 1957 年に発掘調査が行なわれた。土城内の第
Ⅰ地区では，200㎡ 余りの調査区で櫛目文土器
時代の堅穴式住居跡1基が検出されたが，上位の
古代文化層からは，漢式の瓦塼や鉄器・青銅製品
などの遺物のほか，礎石をもった建物跡の一部も
検出された。この調査は原始遺跡の調査に重点が
置かれていたので，帯方郡治跡の存否の決め手と
なるような遺構や遺物は，これまで同様に明らか
ではない。

　風納洞土城についても，1963年に土城内の数個
所で試掘が行なわれた。この調査は，百済初期の
土城跡とされてきたことに関連して，原三国時代
から三国時代初期にわたる土器の様相を明らかに
すべき目的をもって行なわれた。調査結果による
と，無文土器時代から三国時代にわたって，およ
そ5世紀間の土器・瓦などの遺物を出土した。こ
こからは，それ以前にも，夔鳳鏡・鐎斗・弩機な
どの中国製品の出土も伝えられるが，いずれにし
ても帯方郡治跡に直接的に係わる証拠はみつかっ
ていない。

　狗邪韓国　「魏志倭人伝」を解釈すると，帯方
郡から倭国への道として，朝鮮半島の南部にあっ
た韓の国々のうち，西海岸から南海岸地域へとた
どりながら，東南部の狗邪韓国に至るコースが考
えられる。帯方郡を出発した外交使節は，朝鮮半
島では沿岸部を経由するが，狗邪韓国ではじめて
渡海することになる。「倭人伝」にみえる狗邪韓
国は，「弁辰伝」の弁辰狗邪国に当るが，その所
在地は，現在の慶尚南道金海郡付近に属し，洛東
江河口に面した右岸地域であることに異論はな
い。

　現在，洛東江の河口付近には広大なデルタが形
成されているが，3世紀の当時においては，海が
奥深く湾入していたようである。1980年に発掘調
査された金海市府院洞遺跡では，南山の西麓，A
地区を例にとると，海抜 7〜9m，幅 20m 未満ほ
どの山裾に集落が営なまれ，その眼下はすぐ海と
なっていた。ここでは，稲・麦・小麦などの植物遺
体が検出されたが，当時の農業基盤としては，そ
のような海に面した丘陵地のわずかな縁辺とか，
内陸に入った扇状地であったと思われる。またい
っぽうでは，貝塚の形成や漁撈具の出土よりみて，

漁撈にも依存した生活であったと思われる。A地
区では住居跡が3基検出されたが，未発掘部分を
考慮しても，数戸から 10 数戸ぐらいの小規模な
集落であったろう。この集落は，円形と方形の堅
穴式住居のほか，石の礎板をもった掘立柱建物か
らなり，円形堅穴式住居のそばには，円形の貯蔵
穴4基が付随していた。A地区からは，南山を介
在して約 380m 東方にあるC地区（三政洞）でも
3基の堅穴式住居跡が検出されているが，平面形
は円形もしくは不整円形をなす。そのうち第1号
住居跡は,石組みの作り付けカマドをもっている。
C地区付近の地形や，C地区から 60m ほど東方
に位置するB地区における貝層の堆積状況からみ
ても，せいぜい数戸から 10 数戸ぐらいの小集落
の存在が推測されよう。日常生活容器は，無文土
器時代いらいの伝統を引きついだ，赤褐色無文の
土器に加えて，灰青色の陶質土器が出現している
が，両者の比率はほぼ2対1である。利器はすで
に鉄器化しているが，鹿角製把手装の鉄刀子によ
る骨器の製作も盛んであったようである。

　いまみた府院洞遺跡に象徴されるような遺跡な
いし集落として，これまでよく知られてきたもの
に，府院洞遺跡A地区から，当時はおそらく内海
を挟んでおよそ800m 西方の対岸にあった金海遺
跡が知られる。このように，いずれも貝塚を伴い，
陶質土器や鉄器に特色づけられる遺跡もしくはそ
れに類する遺跡群は，現在の金海平野に面した丘
陵地や旧島嶼の縁辺または内陸部に少なからず分
布している。たとえば，金海遺跡の西方から南方
をみわたすと，金海市の鳳凰洞・三溪洞・七山洞・
二洞，金海郡長有面の良洞里・柳下里・水佳里な
どが挙げられる。他方,府院洞から東方をみると，
金海市池内洞や金海郡大東面礼安里が知られる。

　これらの遺跡群のなかには,特色あるものが二,
三含まれる。まず，良洞里遺跡は，おそらく土壙
墓と推定されるが，その副葬品と考えられる一括
遺物は注目に値する。遺物は，鉄剣2と四頭の馬
形像のついた銅製把頭飾1，鉄矛2，流雲文縁方
格規矩四神鏡1，陶質土器3からなるが，そのう
ち銅鏡は，後漢初頭ごろのものである。金海郡の
遺跡群のなかで，良洞里にだけ特筆すべき遺物が
みられること，そして，良洞里が相対的に安定し
た生産基盤をひかえていることなどの点を考慮す
ると，良洞里遺跡をこんにちに残した集落は，こ
の地域の，いいかえれば，3世紀に「狗邪韓国」

良洞里出土銅鏡（径 20cm）

と呼ばれたような部族国家の盟主的な存在であったことが想定される。もっといえば、良洞里遺跡の土壙墓の被葬者に率いられた「狗邪韓国」の存在を想定したい。その場合、想像をたくましくすれば、「狗邪韓国」は、楽浪郡を通じて、中国王朝の間接的支配を受け、その過程で、中国鏡を受容したと考えられる。この地域が楽浪郡を通じて中国王朝と交渉をもっていたことは、金海遺跡における貨泉の出土からもうかがえる。紀元1世紀におけるこうした状況は、3世紀へと展開していったろう。

つぎに、金海遺跡は、金海貝塚とか会峴里貝塚とも呼ばれるが、貝塚を残した住民の居住地は、海抜10数mほどの丘陵先端の頂部に立地する。そこから地続きに数10m背後にある鳳凰台の頂上（海抜46m）に立つと、周辺のいくつかの遺跡群がみわたせて、いわゆる高地性集落の機能も果せる。この時期には、鉄製武器や骨鏃が発達していることから、軍事的緊張状態がうかがわれるので、金海遺跡は、狗邪韓国のなかでも防禦的な性格を帯びた高地性集落の範疇で位置づけられるかもしれない。最後に、金海遺跡から直線で真東に4kmほど行ったところにある池内洞遺跡も興味深い。ここでは、在来の黄褐色無文の土器と縄蓆文のある陶質土器を合わせ口にした甕棺墓が発見され、その脇に弥生式土器の中期末ごろの丹塗磨研土器で、袋状口縁のある壺が副葬されていた。この事実は、狗邪韓国と倭との間の深い関連を示している。こうして、狗邪韓国の実態は、少しずつ明らかにされつつあるのである。

対馬国

長崎県教育委員会
安楽　勉
（あんらく・つとむ）

弥生中期頃から半島との活発な交易で青銅器を多く求めてきた対馬は、後期前半以降国産の銅矛を埋納するようになった

対馬の地形と地理　対馬を生き生きと描写した『魏志』倭人伝の行文には「始めて一海を渡る千余里、対馬国に至る。……居る所絶島、方四百余里可り。土地は山険しく、深林多く、道路は禽鹿の径の如し。千余戸有り。良田無く、海物を食して自活し、舟に乗りて南北に市糴す」とある。島の南北の全長は約82km、東西の幅約18kmと細長く伸び、中程から複雑に入り組んだリアス式海岸の浅茅湾で分断される。湾内は大小無数の入江と島々から成り、海岸の総延長は800kmに及ぶ。また全島の87％が山林で覆われ、島とは思えない峻険な山々が連なり、隣の壱岐島とは対称的である。そして、中央縦走山脈の分水嶺は東にかたより、河川の比較的大きなものは西海岸に集中し、佐護・仁田・三根・小茂田・久根浜などが開けている程度であり、現在でも3世紀頃の状況を眼のあたりに思い起させてくれる。地理的には朝鮮半島南岸から上対馬の突端までの海峡が50km、厳原町南端から壱岐までの対馬海峡が50kmと、半島は九州本土に対してわずか3分の1の近距離に位置している。

遺跡の地理的特性と概要　対馬における遺跡は160ヵ所以上にのぼるが、先土器時代の遺跡は発見されていない。縄文時代の遺跡は、上県町の志多留貝塚・越高遺跡、豊玉町の西加藤遺跡など6ヵ所にすぎず、時期は前期から晩期まで及ぶ。その内容は九州本土部と変わらないが、朝鮮半島との交流を示すものとして、隆起文土器や櫛文土器が出土する。一方半島南部の東三洞貝塚から阿高式や鐘ヶ崎式などが出土することから、この頃か

65

らの交流関係が窺われる。

しかし大部分の遺跡は弥生時代から古墳時代に及ぶ。そして，これらの遺跡には様々な共通性が見られる。第1に，立地は複雑に入り組んだリアス式海岸の岬の突端に，数基の石棺を主体に営まれている。第2は，遺跡の性格が，埋葬遺構と埋納遺構に大別される。第3は，出土遺物が朝鮮半島とのかかわりを強くもっていること。第4に，平野部に依存した生活遺構が少ないことなどが挙げられる。

以下，弥生後期に的を絞り，対馬の自然地形の特徴に沿った形で上県郡の北部から南へと地域別に遺跡を概観してみよう。

上島北部 対馬北端の比田勝を中心とする東側の区域と佐護川流域の西側周辺にあたる。

上対馬町の塔ノ首遺跡からは，後期前半から終末および古墳時代初頭の遺物が出土，なかでも3号石棺には国産の広形銅矛2本や銅釧・弥生式土器・金海式土器が副葬されていた。この調査によって中広矛と広鋒矛の年代時期が明らかにされた。また河内経隈遺跡は3基の石棺が調査され，鉄剣や金海式土器を副葬し後期後半に位置づけされる。この石棺群には墳丘があった疑いが強く，高塚古墳発生の問題が提起されている。上県町西海岸には対馬一の大河佐護川が流れ，比較的広い平野が流域に開けている。この流域では銅矛の出土例が多く知られ，古くは1921年（大正10）クビル遺跡から青銅矛4本・弥生式土器・金海式土器などが，平たい石を掘り起したところから出土して，石室に埋納された特異な祭祀遺跡とされた。

上島西北部 三根湾に注ぐ三根川流域は，下流で蛇行をくり返して，傾斜した舌状台地を形成，遺跡はこの上に位置する。細形銅剣と触角式銅剣の一部や付属金具が出土したサカドウ遺跡をはじめ，対岸には同じような型式の剣を出土したタカマツノダン，さらに至近の距離に箱式石棺墓と，銅矛銅戈を埋納した遺構，古墳後期の石棺墓など3グループ8遺構を確認したガヤノキ遺跡などの重要な遺跡群が集中している。また，木坂遺跡の石棺群にも舶載，国産の青銅器や土器が副葬されていた。吉田地区には石棺墓主体の恵比須山遺跡があり，東海岸に面する小島，小姓島からは青銅製把頭飾や壺形土器などが石棺墓から出土している。

仁位浅茅湾周辺 浅茅湾の北部豊玉町仁位に複

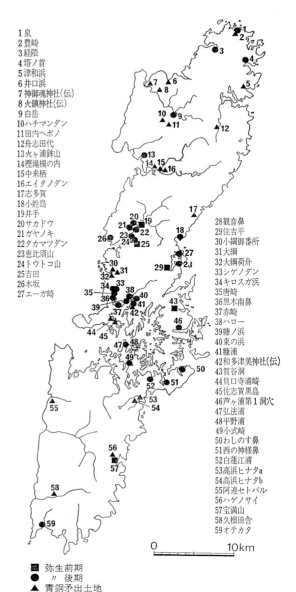

対馬の弥生後期主要遺跡分布図

雑に入り組む海岸は仁位浅茅湾と呼ばれ，地理的にも重要な位置を占め，周辺には多くの遺跡が集中する。仁位川河口にせり出した岬の中腹には，広形銅矛の使用や小形の内行花文仿製鏡の製作分布が後期終末まで及ぶことが確認されたハロー遺跡をはじめ，対岸には『延喜式』に記される和多都美神社があり，広形銅矛4本が伝世されている。近接した佐保地区にはソウダイ，シゲノダン，キロスガ浜，唐崎，黒木南鼻遺跡など多くが群集しており，当時の海上活動を考える上で地理的条件をよく具えた地域である。だが前二者から出土した舶載青銅器を含む遺物の重要性にもかかわらず，

発見時に不自然な点が指摘され，今日でもその疑惑は解消されず出土地が特定されていない。なおこの地区における銅矛の出土だけ見ても 30 本を越えている。

浅茅湾南東部周辺　美津島町漏斗口から大船越に至る地域には，玉調ハナデンボ，わしのす鼻，弘法浦，白蓮江浦遺跡など石棺を主体とするが，青銅製品の副葬は見られない。この地域は北部と比較すると後期の遺跡は少ない。

その他，厳原町を中心とする下島では，西海岸部の阿連セトバル遺跡から広形銅矛 2 本が埋納された状態で出土している。南部の久根川流域では久根田舎や同御所山からも銅矛が出土，一部は銀山上神社に伝わっている。

まとめ　弥生中期頃から半島との活発な交易で力を蓄えてきた対馬の各集団は，朝鮮製青銅器を多く求めて対馬の独自性を発揮している。しかし，後期前半以後は北部九州において青銅器の国産化が始まり，中広・広形銅矛は好んで輸入され，埋葬遺構に副葬あるいは祭祀用として埋納され，これが対馬独特の現象として捉えることができる。

この背景には石棺墓などを形成した集団における海洋民的性格が強く，海上における交易活動を積極的に推進した結果が表われているといえよう。この現象のピークは後期後半に浅茅湾周辺に集中する遺跡群からも明らかである。

やがて対馬は北部九州の勢力下に置かれると，銅矛中心の祭祀遺構は絶え，前方後円墳が出現し浅茅湾から雞知を中心とする地域に拠点が移動してゆく。しかし古墳時代においてもなお箱式石棺墓が主流であり，半島との交流も弱まることなく継続され，対馬の果す中継基地としての役割は変ることはない。

参考文献
1)　長崎県対馬支庁『つしま百科』1977
2)　坂田邦洋『対馬の考古学』1976
3)　長崎県教育委員会『対馬―浅茅湾とその周辺の考古学調査―』長崎県文化財調査報告，20，1975
4)　永留久恵『古代史の鍵・対馬』1975
5)　高倉洋彰『ハロー遺跡』豊玉町文化財調査報告，1，1981
6)　武末純一「壱岐・対馬」三世紀の考古学，下巻，1983

一支国 ■
長崎県教育委員会
藤田和裕
（ふじた・かずひろ）

弥生時代における壱岐の代表的な遺跡として原の辻遺跡とカラカミ遺跡があり，農耕とともに漁撈の痕跡がみとめられる

位置と地形　中国大陸から朝鮮半島を経て，日本に渡る海中の島が対馬であり壱岐である。ともに『魏志』に描かれた国であり，大陸と日本を結ぶ飛石的な役割りを果した島である。「壱岐・対馬」と同じ島のように言われることも多いが，「お盆を伏せたような」とよく形容されるのが壱岐であり，対馬の荒々しく山深い様相とはかなり異なって見える。

壱岐は東西約 14 km，南北約 17 km の島で，海岸線の出入りも多く，29 の小属島を持つ。島の基盤は第三紀層で，表面は標高 100 m 前後の低平な玄武岩の溶岩台地となっており，最も高い岳の辻でも 212.9 m である。この台地を河川が刻んでいるが，島内最大の平地を形成しているのが幡鉾川で，東に流れ，内海湾に注いでいる。このほか，島の中央部から西流する刈田院川，島の北部の谷江川などが小平地を形成している。

島内の遺跡　島内の弥生時代の遺跡について概観すると図のようになる。大まかであるが，以下のように，ある程度のまとまりが考えられる。

1　島の北端部の串山貝塚や天ヶ原遺跡
2　刈田院川を見おろす丘陵上に位置するカラカミ遺跡とその周辺の遺跡
3　幡鉾川上流の，柳田触付近に散在する遺跡
4　幡鉾川下流の，深江田原に伸びる丘陵上に営まれた原の辻遺跡とその周辺の遺跡

以上のうち 1 は，数も少なくまとまりにかけているが，天ヶ原遺跡からは中広銅鉾 3 本が出土している。

次に，1～4 のうちで，現在までに遺構・遺物について公表された資料が多く，壱岐を代表する弥生遺跡として知られている原の辻遺跡とカラカ

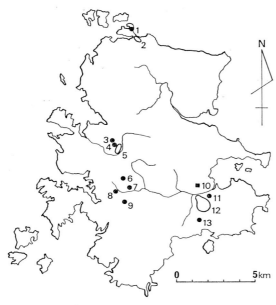

壱岐島内遺跡分布図
1 串山貝塚　2 天ケ原遺跡　3 牛神遺跡　4 国竜遺跡
5 カラカミ遺跡　6 戸田遺跡　7 桜江遺跡　8 戸田貝塚　9 田の上遺跡　10 大塚山古墳　11 平山遺跡　12 原の辻遺跡　13 津の宮勇頭遺跡

ミ遺跡についてみてみたい。

原の辻遺跡とカラカミ遺跡　原の辻遺跡は，古くから地元研究家によって注意されており，貝塚の存在や甕棺・土器・石器の出土することが知られていた[1]。1939年には，幡鉾川の河川改修と周辺の耕地整理工事中に出土した遺物について，鴇田忠正氏の注目するところとなり，1944年に発表された[2]。これによると，中期から後期にかけての各種の土器，石鏃・紡錘車・石剣などの石器，鹿角製の刀子柄や戈・骨鏃などの骨角器，小形仿製鏡，銅鏃など，多量の遺物の出土が報告されている。戦後は，東亜考古学会などによる数次の調査があり，注目すべき遺物としては貨泉が出土し，籾の検出も報じられている[3]。

1974年，従来，原の辻遺跡として知られていた場所より東側の畑の水田化工事に伴って遺物が出土し，県教委による調査がなされた。その結果，52基の甕棺，19基の石棺などが検出され，埋葬を主体とする遺跡で，中期を中心とする時代のものと判明した。この調査での出土遺物として，中国戦国時代のものと思われるガラス製の玉や銅剣片などの副葬品がある。1975年から3ヵ年にわたり，この遺跡の範囲・性格など，基礎的な資料を得る目的での試掘調査が県教委によって行なわれた。その結果，生活址・貝塚・溝・墓地などが各所において確認され，時代が降るにつれて生活の範囲が周囲に拡大されていく状況が把握された。また，後期から終末期に周辺に拡がった甕棺墓から出土した漢式鏡などから考えると，原の辻遺跡内部のみにとどまらず，その周辺をも従えるような有力な支配層の出現していたことが知られるにいたった[4]。

カラカミ遺跡は，刈田院川を見おろす標高60m前後のやや急に感じるほどの丘陵上にあり，小貝塚が散在する状況である。古くから中期から後期にかけての土器や漢式土器，磨製の石剣・石斧，鏡，鉄片，骨針，鹿角製刀子柄，骨鏃などが出土していた[5]。周辺には牛神遺跡や国竜遺跡などが知られている。1952年，東亜考古学会の調査では，中期後半から後期にかけての土器のほか，石斧・凹石・紡錘車などの石器，鉄鏃・銅鏃・鉇・鉄鉇・鉄鎌・鏡片といった金属器や骨角器も出土している。また，大形の鯨骨製銛2本が出土したことと，楽浪系の漢式土器・金海式土器の出土[6]も注目される。1977年には九州大学によって調査がなされ，溝状遺構とその中に堆積した貝層が検出され，後期前半の土器に伴って陶質土器も出土している。金属器には鉄鏃・銅鏃・鉇・鉄鎌・刀子・銅鋤先がある。骨角器として鯨骨製銛先が出土しているが，加工整形しない猪・鹿の肩甲骨を点状に焼いた卜骨も出土し[7]，当時の精神生活の一端を偲ばせる。

以上のように，原の辻遺跡とカラカミ遺跡について概観してみると，それぞれの遺跡のあり方に相違が認められる。両遺跡から，農耕具や籾・小麦などが出土するとともに，多種の漁具が出土し，獣骨を含む貝塚が点在することから考えると，農耕はしながらも山の幸・海の幸を求める生活であったに違いない。しかし，海の生活に関係する遺物はカラカミ遺跡により多く出土している。深江田原と呼ばれる，島内最大の平地に望む原の辻遺跡は，時代とともに周辺低地の水田化という，生産圏を拡げる作業が可能であったが，カラカミ遺跡の場合は可耕地も限られていたため，もっぱら海に活路を求め，「船に乗り南北に市糴する」と『魏志』に記されたような生活をするようになったことがうかがえるのである。

古墳時代　初期の古墳はまだ確認されていないが，1982年，5世紀末に比定できる須恵器を副葬

した古墳が調査された。この古墳は深江田原の北東部にあり，原の辻遺跡を見おろす山頂に位置する。南西に向いて開口する円墳で，いわゆる竪穴系横口式石室に属するものと報じられている[8]。直接には結びつかないが，原の辻弥生遺跡以来の，深江田原を生産の基盤とした強い勢力の存在を裏付けるもの，としてとらえることができよう。

註
1) 松本友雄『先史時代の壱岐研究』1929 ほか
   松本友雄『壱岐国考古通信』考古学雑誌，17—2，1927
2) 鴇田忠正「長崎県 壱岐郡 田河村原ノ辻 遺跡の研究」日本文化史研究，1944
3) 水野精一・岡崎 敬「壱岐原の辻弥生式遺跡調査概報」対馬の自然と文化，1954
4) 長崎県教育委員会『原の辻遺跡』1976
   長崎県教育委員会『原の辻遺跡Ⅱ』1977
   長崎県教育委員会『原の辻遺跡Ⅲ』1978
5) 註 1)，2) による
6) 水野精一・岡崎 敬「長崎県 壱岐郡 カラカミ 遺跡」日本考古学年報，5，1957
   岡崎 敬「倭の水人」日本民俗と南方文化，1968
7) 木村幾多郎「壱岐カラカミ遺跡の調査」九州考古学，53，1978
8) 壱岐郡文化財調査委員会『大塚山古墳』1983

末 盧 国

唐津市教育委員会
■ **中島直幸**
（なかじま・なおゆき）

末盧国はその中心を桜馬場遺跡周辺におき，戦略的に重要な
地点には高地性集落を配して国内外との交渉にあたっていた

末盧国の自然　唐津・松浦地方は，地形・地質的[1] に ①松浦熔岩台地（標高 200m 内外の熔岩台地で上場台地と呼ばれる），②松浦杵島丘陵地（上場台地と松浦川にはさまれた地域で平坦面にはとぼしい），③背振山地西部（松浦川・唐津平野の西側は500〜700mの急峻な背振山地），④ 唐津平野（上記以外の松浦川・玉島川などの沖積低地）に分かれる。①には 1.2〜1.3万年前の先土器時代から縄文時代の主に狩猟・採集時代の遺跡が数多く立地し，④及び②・③が④と接する丘陵先端には，縄文前〜晩期以来の遺跡が立地し，とくに縄文晩期〜弥生時代以降の稲作に基盤をおく時代の遺跡が立地することで特徴的である。また，今日でも上場台地の畑作主体に対して，下場（平野部）の水稲と海岸・島しょ部の漁業と生業の異なった三種の環境が三身一体の小宇宙をなしている。地理的に大陸・朝鮮に最も近く，古来より大陸文化の流入地点としての位置をしめる。

末盧国以前　現在までのところ大陸との交渉で最も古いものは縄文時代前期にさかのぼる。西唐津海底遺跡で出土した曽畑式土器は，朝鮮半島の櫛目文土器の影響のもとに成立したと考えられている。また，同時代の伊万里市腰岳産出の黒曜石が朝鮮釜山市東山洞貝塚などで出土しており相互交流を裏付けている。

縄文時代晩期になると朝鮮より水稲文化が伝えられる。昭和55年から56年にわたる調査で日本最古の水田跡・農工具が発見された菜畑遺跡は，唐津市街地南部古砂丘から200m 西南のラグーン（後背湿地）を見下ろす丘陵の先端に位置している。このようなラグーンと砂丘を望む丘陵先端部とその谷間地に初期の稲作が伝わったことがうかがえ，市内宇木汲田遺跡や二丈町曲り田遺跡などは同様の立地条件を有する。菜畑遺跡[2]からは縄文晩期後葉に水田跡・石包丁・蛤刃石斧・扁平片刃石斧が，晩期終末では水田跡・石包丁・鍬・えぶり・馬鍬・抉入石斧などを出土している。出土炭化米の形態，水田雑草，畑作の穀類，石包丁・抉入石斧・湾弓などに大陸・朝鮮からの影響を認めることができる。戦後，最初に縄文時代晩期終末の炭化米と夜臼式単純層を検出した宇木汲田貝塚[3]も，鏡一徳武古砂丘列に囲まれたラグーンの奥に位置している。初期稲作期の遺跡では，柏崎大深田・柏崎田島遺跡において夜臼・板付Ⅰ式土器と同期の鍬・弓・石包丁などを出土している。また，鏡一徳武古砂丘のラグーン奥の丘陵には，縄文時代晩期から弥生前期へ継続して営なまれた支石墓群がある。東より岸高・葉山尻・迫頭・森田・瀬戸口・割石などがある。唐津地域では，縄文時代晩期以来，日常用の壺・甕を埋葬に転用したカ

メ棺墓が形成されていたが，弥生時代になると宇木汲田や押川遺跡[4]などで板付I式の埋葬専用カメ棺[5]（形はツボ）が出現する。

弥生前期末から中期になると朝鮮製青銅器を副葬したカメ棺墓が現われる。宇木汲田[6]では，多紐細文鏡・銅剣・銅矛・銅戈・銅釧などが玉類・石器などとともに出土している。他に青銅器を出土した遺跡には柏崎・久里大牟田・石ヶ崎・鶴崎・山本・千々賀・平野町などがあり，中でも柏崎石蔵出土の触角式柄頭を有する銅剣や鶴崎出土の円筒形の柄を有する銅剣，石ヶ崎出土の関下方に刳り込みのない銅剣，千々賀出土の双耳を有する銅矛とイモガイ縦切りを模した銅釧などは，それぞれ北アジアや中国などの朝鮮以外にその出自が考えられるものや朝鮮に類例があっても日本で極めて出土例が少ないもの，日本独自のものなどが含まれている。末盧国地域では，いち早く朝鮮の青銅器文化を受容したことはいうまでもなく，他の地域に見られない特色ある青銅器文化をその中に含んでいることは注目に値する。

末盧国の遺跡 弥生時代中期の終り頃より後期になると中国・漢文化の影響で鉄器文化（多種類の鉄器と青銅鏡を含む）が流入する。唐津でも柏崎田島遺跡[7]では，甕棺墓より前漢鏡である日光鏡が，柏崎松本遺跡の甕棺墓より鉄鉇・鉄鏃・鉄刀子，原中原遺跡[8]でも甕棺墓より鉄鉾・鉄戈が，久里大牟田遺跡の土壙墓より鉄鉇・鉄刀子・鉄斧が出土している。また，桜馬場遺跡[9]からは，甕棺墓より後漢鏡の流雲文縁方格規矩鏡・方格規矩渦文鏡・有鉤銅釧・巴形銅器を出土した。さらに別の地点より長宜子孫内行花文鏡や広形銅鉾切先片・鉄刃片なども出土している。このような遺物の出土状況からみると，弥生前・中期頃は宇木汲田遺跡を中心とした地域に朝鮮製青銅器の出土が集中し，逆に中期末から後期には，桜馬場遺跡を

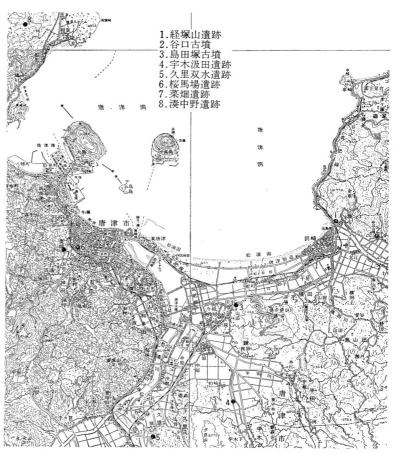

1. 経塚山遺跡
2. 谷口古墳
3. 島田塚古墳
4. 宇木汲田遺跡
5. 久里双水遺跡
6. 桜馬場遺跡
7. 菜畑遺跡
8. 湊中野遺跡

末盧国関連遺跡分布図

中心とした地域に漢式鏡などが集中しており，末盧国の中での中心地が変化したことがわかる。したがって『魏志』倭人伝時代の末盧国の王墓としては，桜馬場遺跡を考えることが適当である。

集落遺跡としては縄文晩期から弥生前期に平野部では水田耕作が可能なラグーン奥の丘陵端部に貝塚を伴って立地する（菜畑・宇木汲田・柏崎・鶴崎遺跡など）。上場台地では谷水田の可能な丘陵端（押川・中野遺跡など）や海岸砂丘上（大友遺跡）に立地する。中期になると湊中野遺跡[10]などのように標高170mの山頂で，しかも壱岐・玄海七島・唐津湾・糸島水道を見渡せる，いわゆる高地性集落が現われる。湊中野遺跡は中期前半のあといったんとぎれた後，後期に再び再開している。遺跡はA地点（標高170m），B地点（標高160m），C地点（標高130m）に分かれ，A・B地点は壁面が強く焼け窯壁化した焼土壙（Aが6基，Bが8基）と少数の柱穴のみで構成される。これに比べC地点

70

は，丘陵尾根すじに中期・後期ともに数戸（中期8戸，後期5戸）ずつの住居跡と丘陵周辺部の住居から離れて焼土壙群（10基）がある。集落に伴う成人用の墓地はなく，わずかに小児墓（ツボ棺）が遺物包含層中に2基，住居中に1基，外に2基の計5基あるのみである。掘立柱建物跡1棟，遺物包含層の形成もわずか各時期1ヵ所ずつ小規模にあるのみ。生活遺物でも農具類（例えば石包丁など）はなく，工具類もわずかに加工用（仕上げ用）工具（石ノミなど数点）のみ，と高地性集落としての機能を有する。後期には倭国大乱に伴う戦略的集落である可能性が大きい。末盧国内の連絡網としてまた，壱岐ー末盧国ー伊都国ー奴国ー邪馬台国への連絡・通信網の一端になっていた可能性も大きい。このように末盧国は中心を現在の市街地南西部（桜馬場周辺）におき，戦略的に重要な地点には高地性集落を配して国内・国外との外交・戦略上の交渉にあたっていたと考えることができよう。

末盧国以後　唐津地方における古墳文化は4世紀後半，畿内型古墳としては浜玉町経塚山古墳[11]に始まる。首長墓以外では，巡見道方形周溝墓[12]・双水2号方形周溝墓があげられる。4世紀末～5世紀初には小長崎2号，久里双水1・3号，下戸古墳がある。5世紀初～前半の畿内型古墳としては，谷口古墳[13]，久里双水古墳[14]があり，5世紀前半～中頃に横田下古墳，5世紀後半に樋の口，6世紀前半～中頃に島田塚と続く。小型の古墳としては5世紀に迫頭・長崎山・佐志の古墳群，6世紀に中の瀬・鼓・神集島と続く。畿内型古墳は旧松浦川（現玉島川と沼川）流域と現在の松浦川流域にあり，弥生時代中・後期に発展した地域から外れた交通の要衝に位置して造営される。4～5世紀の小形群集墳は鏡地区と佐志地区（久里地区も）に多く，6世紀後半以後の群集墳は鏡山周辺・西唐津地区・湊地区・神集島に多い。4世紀後半～5世紀にかけての首長墓は玉島川流域がにぎり，5世紀初～6世紀初には久里・石志地区にうつる。6世紀前半～中頃は鏡山北麓地区に移っている。その後の『肥前風土記』には，十一郷・五駅・烽八所があげられ，海産物が特産物としてあげられている。郡衙も鏡もしくは石志などに比定する案が考えられる。遣隋使・遣唐使・遣新羅使の派遣に際しては，神集島などの島嶼を中継基地として，その地理的立地を確認することができる。

また，松浦党の中国・朝鮮との貿易（和寇）についても，日本の中でも特別の立場を有している。

末盧国の特徴　末盧国は古来，大陸・朝鮮との関係が深く，その歴史・地理的な立場（特色）を有利な形で保持しつづけてきた。とくに『魏志』倭人伝の時代にあっては，魏使が最初に上陸した日本本土の地点として，大陸・朝鮮と邪馬台国を結ぶ文化の結節点として重要な役割を果している。以後古代を通じて，その役割は継続している。末盧国の特徴としては，白水郎や海産物を指摘する史書が多い。しかし，末盧国は海・山・平野といった3種類の異なった生業（国内的に見てもこの3種しかない）が三身一体となって唐津市周辺の狭あいで，しかも独立性の強い地域にコンパクトに一種の小宇宙をなして存在するところにある。とくに海が大陸・朝鮮との文化の道として有利に展開してきた歴史性を有しており，逆にこの海上の道（大陸・朝鮮との文化交流の本道）を大和朝廷ににぎられ，国内の平野部の狭あい性などから水稲を基礎にした文化の展開に一定の限界が他方にあり，以後の歴史・文化の展開では地域性を脱脚することが限界となった。末盧国の華やかな時代[15]は縄文晩期，弥生前期の水稲文化の流入の時代と弥生前期末～後期初頭の朝鮮製青銅器と中国の鏡・鉄器などの流入の時代である。

註
1）井関弘太郎「末盧の地形と地質」末盧国，六興出版，1982
2）中島直幸ほか『菜畑』唐津市文化財調査報告，5，1982
3）小田富士雄ほか「宇木汲田貝塚」末盧国
4）『押川遺跡』佐賀県文化財調査報告書，60，1981
5）中島直幸「柏崎小長崎遺跡」（Ⅳ．まとめ）唐津市文化財調査報告書，6，1983
6）岡崎　敬・森貞次郎ほか「宇木汲田遺跡」末盧国
7）中島直幸・堀川義英「柏崎遺跡群」末盧国
8）橋口達也「中原遺跡」末盧国
9）岡崎　敬・木下尚子「桜馬場遺跡」末盧国
10）唐津市教育委員会の昭和58年調査
11）田中徳栄・蒲原宏行『経塚山古墳』浜玉町文化財調査報告書，1，1980
12）中島直幸ほか「巡見道遺跡」唐津市文化財調査報告書，3，1982
13）亀井明徳・永井昌文「谷口古墳」末盧国
14）中島直幸「久里双水前方後円墳」末盧国
15）岡崎　敬「古代末盧の歴史」（総括）末盧国

伊都国

福岡県教育委員会
■ 柳田康雄
（やなぎだ・やすお）

三雲遺跡の南小路や井原鑓溝など伊都国の中心をなす王墓は
2世紀前半までたどれ，その後も特定個人墓が継続している

伊都国の中心的遺跡は，青柳種信が『柳園古器略考』に記録している甕棺墓で有名な三雲遺跡であることは誰しも認めるであろう。昭和49年以後の福岡県教育委員会の発掘調査で，南小路の王墓の位置確認とともに，その周辺遺跡の一部が明らかになったので[1]，その成果の一端を限られた紙数内で紹介したい。

3世紀の土器　まず，邪馬台国で象徴される時代は3世紀として，その時代に使用されたと考えられる土器の型式的変遷を述べておかなければならない。北部九州では，弥生後期を森貞次郎氏が高三潴式・下大隈式・西新式に3区分されて以後，この型式名が研究者間に浸透している。その後，高倉洋彰氏などは鏡の研究から弥生終末は3世紀前半であることを提唱されるようになったが[2]，この時点も弥生終末の土器は西新式であった。

ところが，三雲遺跡サキゾノⅠ-1地区1号住居跡から，西新式土器に共伴して畿内系・瀬戸内系・山陰系土器が出土し，その畿内系土器は庄内式土器であった。庄内式土器を弥生式土器とする研究者もいるが，九州では庄内式土器を土師器と理解するのが一般的である。この三雲遺跡の実態をもとに3・4世紀の土器編年案を示し，下大隈式の新しい土器を共伴した鏡から3世紀初頭とした[3]。これは，その後に位置する西新式土器が庄内式と一部布留式土器と併行するというものであった。この考えは現在も大筋において変ることがないが，庄内式土器に共伴した土器は西新式土器でも比較的新しいものに属することから，西新式といわれていた中でも古いものを弥生終末として残したい。三雲遺跡では，番上Ⅱ-6地区1号住居跡や仲田Ⅱ-16地区18号住居跡出土の土器群をこれに当てる。福岡市の早良平野では，下條信行氏編年の宮の前Ⅰ式[4]の中の一部の古いものをこれに当てるが，宮の前Ⅰ式の大半は土師器Ⅰa式である。

したがって，下大隈式の新しいものを3世紀初頭とし，庄内式と大半が併行する西新式（土師器Ⅰ式）を3世紀後半の土器とする。ちなみに，畿内の第5様式は2世紀から3世紀前半と考えるので，第5様式後半から庄内式土器を3世紀の土器とする。

土器の交流　三雲遺跡の弥生後期遺構の調査で注目される出土品の1つに，北部九州以外の土器が目立つことがあげられる。北部九州の弥生後期の高杯は，その型式変化に不自然さがある。中期以来の鋤先口縁高杯は，後期前半に残っているのは確実であるが，後期中頃以後の高杯に継続しない。後期後半の高杯は，口縁部が外反するものや内湾するもので，外反するものはより大きく発達して西新式の特徴ある高杯となる。この高杯の急激な変化は，畿内から東瀬戸内に見られる第4様式の高杯の影響としか考えられない。三雲遺跡では，第4様式の高杯で口縁が直立し，その上端に平坦部を作り，平坦部には凹線を施すものがある。脚部は太脚や数条の沈線をめぐらす瀬戸内系のものも出土している。これらの高杯が北部九州で定着して，後期中頃から後半の高杯を形成していることは，畿内や瀬戸内の高杯の型式変遷と対応することからも自然である。

三雲遺跡の後期後半の土器の中には，岡山県の上東式甕や畿内のコンパス文様を持つ土器片もあり，これらの地域との交流があったことを証明している。北部九州の後期中頃から終末の土器は，2世紀初頭から3世紀前半と考えるので，後期後半以後とくに多くなる土器の流入を2世紀後半の「倭国大乱」と関連づけることも可能である。3世紀中頃以後の西新式土器のころになると，前述したように山陰系土器が加わるところに，より強い社会変革が認められる。

墳墓　伊都国の3世紀の墳墓の全体像は，かならずしも明らかでない。中期末の南小路の王墓を紀元前後頃とすると，次代の前漢末から新と後漢初頭の鏡を持った2・3代の王墓が発見されていない。この点，井原鑓溝の王墓は方格規矩鏡のみを持っていることから，後期前半から中頃に位置づけられ，王墓は継続していることが明らかで

ある。井原鑓溝の王墓は，鏡から桜馬場と同様に後期初頭に位置づけられてきたが，流雲文縁方格規矩鏡は王莽鏡ではなく，西暦50年頃にしか出現しないため[5]，後期前半以後に副葬されるものである。しかも，井原鑓溝では，流雲文縁に加え波文縁が伴っていることから後期中頃に下がる可能性が強い。このように見てくると伊都国の王墓は，2世紀前半である後期中頃までたどれることになる。

寺口II-17地区の石棺墓は，後漢末の蝙蝠座連弧文鏡から3世紀初頭であり，甕棺墓から石棺墓への埋葬形態の変化が見られる。寺口の石棺墓には，鏡・玉・剣・刀子を副葬するほかに，その西側に平列する祭祀溝があり，供献土器や鉄器が出土しているが，この墳墓に対する祭祀形態は南小路の王墓にも見られるもので，石橋地区の布留古式（IIa式）土器を伴う石棺墓にも継続されている。

堺I地区では，弥生終末から古墳初頭にかかる甕棺墓を含む石棺墓群が発見されている。この墓地群は密集するものではなく，早良平野の野方中原遺跡の石棺墓群と同様に，一定の間隔を持って配置されている。しかも，石棺墓や甕棺墓の周囲に供献土器を配するところも同様で，2号甕棺墓は土器に伴って完形の鉄鍬先も供献されていた。このことは，一定の平面的区画を持った個人墓が形成され，中期末の南小路の王墓以来の特定個人墓が継続していることを示唆するもので，「世有王」を考古学的に証明できるかもしれない。

問題の多い平原遺跡の年代は，これまで相対的に4世紀代のものであるという立場をとってきたが，一方で舶載鏡のみの年代を重要視する立場をとると，2世紀末から3世紀初頭頃であらねばならない。問題になるのは，大量の破砕鏡・大型仿製鏡・メノウやコハク玉・鉄器や隣接する円形周溝墓との関連などが，年代を下げる要因になりうるかであろう。大型古墳が3世紀後半には出現すると考えるので，それ以前の大量の副葬品を所有する特定個人墳丘墓と考えるのも自然であるところから，参考までに記しておく。

伊都国の大型古墳は，銚子塚・若八幡宮古墳などが調査されて，布留式土器を伴う4世紀代には出現していることは確実である。しかし，調査されていないもので，全長約60mの御道具山前方後円墳は，著しく撥形をした前方部を備えており，奈良県纏向石塚古墳と箸墓古墳の中間的形態を示すところから，3世紀代に上る可能性が強いものであり，今後の調査に期待したい。

註
1) 柳田康雄ほか「三雲遺跡I～IV」福岡県文化財調査報告書，58・60・63・65，1980～1983
2) 高倉洋彰「鏡」三世紀の考古学，中巻，学生社，1981
3) 柳田康雄「3・4世紀の土器と鏡」森貞次郎博士古稀記念古文化論集，1982
4) 下條信行「土器編年について」宮の前遺跡（A～D地点），福岡県労働者住宅生活協同組合，1971
5) 柳田康雄「青銅製鋤先」鏡山猛先生古稀記念古文化論攷，1980

奴国 ——————————

福岡市立歴史資料館
■ 塩屋勝利
（しおや・かつとし）

福岡平野を中心に発展した奴国は弥生中期に至って春日丘陵
上にその中心を移し，以後青銅器生産の中心地として栄えた

地理的環境 奴国は地名の遺称を『日本書紀』に儺県・那津之口と残しているように，博多湾に面し那珂川・御笠川の両河川流域に広がる福岡平野を中心とする地域であり，現在の行政区画では福岡市博多区・南区，春日市，大野城市，筑紫野市，太宰府市，那珂川町を含む領域である。地形的には東を月隈丘陵，西を鴻ノ巣山丘陵によって限られ，水系を異にする粕屋，早良の平野が東西に境を接する。平野南東奥部の御笠川を遡れば二日市の狭隘部を通って広大な筑後平野に至り，東側の粕屋平野奥部からは山間部を越えて嘉穂盆地に至ることができる。博多湾を前面に控え北部九州玄界灘沿岸地帯の門戸的位置を占めるこのような地理的環境は，対朝鮮半島および北部九州他地域との交渉において要衝の位置を占め，弥生文化の先進地たることができた天与の条件であった。

初期農耕集落の形成と奴国の成立　那珂川と御笠川との間には，南から北へ向かって春日丘陵が八手状にのび，さらに中流から下流域にかけて両河川の開析作用で形成された標高20〜10m前後の丘陵や台地が断続的に続いており，流域の沖積地は肥沃な堆積土壌をなしている。初期の農耕集落は中流から下流域にかけてのこれらの台地上に出現する。最も下流域の比恵台地には，春住・瑞穂遺跡があり，夜臼式・板付Ⅰ式土器，大陸系磨製石器を出土する。板付台地・諸岡丘陵には板付遺跡・諸岡遺跡が営まれ，前者からは夜臼式単純期の水田が確認され，後者においてもその時期の住居跡が認められている。これらは福岡平野における拠点的農耕集落として定着を見せるのであるが，このような玄界灘沿岸地帯の独立小平野を単位とする集落の結合が『前漢書』地理志に見える百餘国の実体であり，奴国の前身であろう。

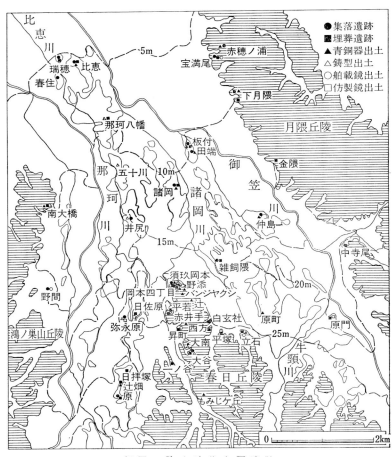

奴国の弥生時代主要遺跡

　これらの初期農耕集落は，当初から高度の体系化された農業技術を有しており，引き続き台地上に展開する一方，農業生産力の発展は新たな可耕地の開拓を促進し，前期の全期間を通じて集落は月隈，春日，鴻ノ巣山丘陵まで拡大する。他方においては，このような水田開発の進展は不可欠の材料である樹木の大量消費の需要を惹起し，今山遺跡で知られるように前期末の段階で太形蛤刃石斧の生産と流通に組織的な分業の萌芽形態が現われる。またこの時期には埋葬専用の大形甕棺の製作とともに，板付田端遺跡の朝鮮製青銅利器の副葬や，金隈遺跡の南海産貝製腕輪着装被葬者層の出現を見る。諸岡遺跡では板付Ⅱ式土器に伴って朝鮮系無文土器が出土している。前期末の段階にはこれらの拠点的農耕集落の結合を中核としながら，福岡平野のほぼ全体を領域とする経済的・政治的統一体＝奴国が形成されると同時に，朝鮮半島や南方との交渉はその首長を介して行なわれ，他の沿岸平野地域よりはるかに優位性を保持していたと思われる。

　奴国の展開と繁栄　中期になると遺跡数は飛躍的に増加し，平野奥部はもとより下流域の海岸砂洲上にまで認められる。とくに春日市を中心とする春日丘陵とその周辺一帯には，集落・埋葬遺跡は濃密な分布を示す。前期初頭からの初期農耕集落は，諸岡遺跡や比恵小林町遺跡の銅剣副葬甕棺墓に見られるように，引き続き農業生産における主要な経済的位置を占めながらも，奴国の政治的中心は春日丘陵に移行する。平野に臨む丘陵先端に占地する須玖岡本遺跡の集団がまさしくそれであり，群集する甕棺墓群には中期前半からの青銅利器副葬の集団があり，中期中葉にはD地点甕棺墓で知られているように前漢鏡30面内外その他の儀器集中が行なわれる。この事は春日丘陵に君臨し，福岡平野の各集落を統括する首長＝奴国王が，楽浪郡をはじめ朝鮮半島からの財物入手に関して伊都国（王）と並ぶ独占的権限を有してい

たことを物語る。天明四年（1784年）に福岡市志賀島から発見された「漢委奴国王」金印は，これまでの研究史や調査史を総括すると，後漢光武帝より建武中元二年（A.D.57年）に奴国王に賜ったものとして定説化している。しかしながら最近，金印奴国説への反論とイト（伊都）国説が提起され，新たな波紋を投げかけている[1]。この問題については，金印下賜の時期が北部九州弥生時代の後期前半の頃と考えられることから，すでに水稲農業を基本的な経済として発展する弥生時代社会である以上，奴国（福岡平野）と伊都国（糸島平野）との考古学的現象の総合的な分析が必要である。

中期に至って春日丘陵上に政治的中心を移した奴国は，以後の繁栄を青銅器生産の中心地として担うようになる。中期中葉から後半までの時期には武器形祭器の製作を開始し，細形銅剣，中細銅矛・銅戈が作られる[2]。春日市大谷遺跡・赤井手遺跡ではこの時期の住居跡から鋳型を出土し，志賀島からも銅剣鋳型が発見されている。青銅器国産化の契機は，弥生時代農耕社会発展によって生じた各地方間での祭祀形態の変化と祭器需要の増大によるものとしても，前提となるのは原材料の入手から製作に至る組織化された集団の存在である。奴国が青銅器製作の先進地となり得たのは，前段階に続く朝鮮半島との強力な結び付きがあったからであり，武器形祭器の出現と展開は，中期後半以降需要を増した鉄の入手と分配に深く関わるものであろう。金印問題の解明は，下賜以降の考古学的現象よりも，むしろそれ以前の現象の分析を重視すべきであり，この観点では奴国説優位ではなかろうか。

奴国の終焉　中期後半に春日丘陵において開始された奴国の青銅器生産は，後期を境にさらに活況を呈するようになり，製作地も拡大し福岡平野と周辺にまで及ぶ。武器形祭器の他に，岡本四丁目遺跡や大谷遺跡では朝鮮式小銅鐸が製作され，月隈丘陵の赤穂ノ浦遺跡からは横帯文銅鐸，粕屋平野に面する八田遺跡からは中広銅剣の鋳型が発見されている。青銅器以外にも赤井手遺跡や弥永原遺跡では勾玉の鋳型を出土する。とくに注意されるのは銅矛の製作であり，製品は北部九州のほぼ全域から瀬戸内地方に分布するが，製作地は福岡平野を中心とする地域に限られており，銅戈製作地の広範囲さと異なる現象を呈している[3]。また，銅矛は製作と同時に地下埋蔵も数多くなされ

ており，生産活動と祭祀とが一体化されている。八田や赤穂ノ浦例は奴国と中国・四国地方との密接な関係を物語るが，銅矛の製作と祭祀は後期後半まで朝鮮・対馬・瀬戸内を結ぶ海上交通に対する重要な役割を奴国が担っていたことを想起させるものである。武器形祭器を中心にして栄えた奴国の青銅器の製作と祭祀は，後期終末には姿を消して消滅する。

また，後期における集落・埋葬遺跡の動向を見ると，前期または中期に形成されたものは後期初頭まで存続するが，その後断絶する傾向がうかがえる。後期前半に出現するものは存続期間は短く，後半のある段階での断絶を指摘できる。終末期から形成されるものは古墳時代まで存続するようである。埋葬の形態においても，後期初頭を境に大型甕棺は減少し，箱式石棺・土壙墓が登場する。副葬品も舶載鏡をもつのは稀で，前漢鏡を模した小形倣製鏡が現われる。終末期のものには後漢鏡片の副葬が認められる。後期前半以降の集団墓地のあり方も，日佐原遺跡に見られるように，共同体内における特定家族の析出過程にあると考えられる[4]。

弥生後期におけるこのような集落・墳墓遺跡の動向は，この地域が後期初頭を境に安定から激動の時代に入ったことを思わせるが，同時にこの時期から武器形祭器の製作と祭祀がさかんに行なわれているのであり，奴国は朝鮮半島，北部九州，瀬戸内，近畿を結ぶ大きな歴史的動乱の中にその終焉を迎えるのである[5]。

註
1) 久米雅雄「金印奴国説への反論」藤澤一男先生古稀記念古文化論叢，1983
2) 岩永省三「弥生時代青銅器型式分類編年再考」九州考古学，55，1980
3) 下條信行「銅矛形祭器の生産と波及」森貞次郎博士古稀記念古文化論集，1982
4) 高倉洋彰「墓制からみた社会環境の変化」歴史公論，4—3，1978
5) 本稿では伊都国と奴国との間に位置し，室見川水系の下に展開する早良平野の考古学的成果には言及していない。しかしながらこの平野を領域とする弥生社会の発展過程は，福岡平野と同一歩調をとっており，西側の伊都国，東側の奴国との関係がどのようなものであったのか興味ある課題である。

特集 ● 邪馬台国を考古学する

考古学からみた
邪馬台国研究史

■ 森 岡 秀 人
芦屋市教育委員会

　邪馬台国の研究は，いささかオーバーヒート気味の文献史学からの追求に加え，昨今では民俗学・民族学・言語学や文化人類学，さらに自然科学など諸方面からの発言が出て，相変わらず盛況を呈している。その反面，一発勝負的な期待が強く寄せられつつも，考古学サイドからの煎じ詰められた議論や見解は一部の論著を除けば増増寡黙を装うばかりで，数多い邪馬台国を扱ったシンポジウムや展観の華々しさを裏づけるほど，明快となったことがらは少ない。発掘現場は女王卑弥呼の設けた宮室・楼観を掘り当てるといった一般市民の膨らんだ夢とは裏腹に，眼前に迫りくる大量の出土資料の重圧に一層沈潜を余儀なくされているのが偽らぬ現状であろう。

　ここでは，かかる状況の下，新たな展開が切望される考古学を基盤とした邪馬台国論の方向性を模索する意味から，遺跡・遺物の研究が積み上げてきた足取りを概観してみたい。

1 邪馬台国論争史上における考古学の台頭

　江戸時代における新井白石・本居宣長の研究を揺籃期にもち，今世紀初頭の白鳥庫吉・内藤湖南の論争を契機に飛躍的に発展した邪馬台国の問題に考古学の立場から発言を行なった最初の人物として古谷清をあげる人は多い。彼は白鳥の九州説の影響下，肥後江田船山古墳の踏査記録とともに，それが女王卑弥呼の墓である可能性を論じ，象嵌銘刀身を魏代と考証する根拠とした[1]。しかし，古墳の編年研究が未熟な段階にあった当時の情勢から，大きな反響を呼ぶまでには至らなかった。

　欧州諸国考古学の実証主義的方法論を浜田耕作らが導入しつつあった 1910 年代，金印の出土状態を検討した中山平次郎は，それが奴国王の墳墓に該当せず，大乱の発生を背景に志賀島に隠匿されたものと説き[2]，笠井新也からの反論を浴びつつ，その後も一連の論考を残している。

　考古学者による邪馬台国問題への独自の斬込みは，1921年の日本考古学会例会における高橋健自の講演[3]に象徴されるであろう。高橋は卑弥呼の時代が古墳時代であるという前提に立って，畿内に成立した古墳が東西に伝播すること，前漢鏡が北九州に，王莽鏡が畿内地方に分布し，後漢三国六朝時代の鏡及びその模造鏡も中心が

近畿にあることなどを力説し，「文化的に見て邪馬台国が大和たるべきを推断」した。

2 銅鏡研究と三角縁神獣鏡の評価

　高橋の主張は多数の考古学者を触発し，『考古学雑誌』はそれら発表論文の基盤をなして，次第に邪馬台国大和説が主流を占めるようになった[4]。これと絡みを有しつつ着実に肥大していった研究に古鏡の分析がある。今日盛んな論議の対象となっている三角縁神獣鏡について，それを魏鏡と考え，『魏志』倭人伝中の「銅鏡百枚」に符号させた嚆矢が京都大学の富岡謙蔵の研究[5]にあることは論を待たない。梅原末治は橋本増吉などの九州説側の強固な論陣に反論を示しつつ[6]，これを実証的に継承し，資料の集成を徹底させるとともに一部に同笵鏡の存在を認め，鏡の伝世や銘文解釈にも説き及んでいる[7]。

　この提起を専ら受けた小林行雄は，戦後の 1950 年代後半頃から意欲的に鏡の研究と取り組み，古墳の総合的研究を基盤にして独特な手法により伝世鏡論や同笵鏡論を展開し，邪馬台国畿内説の理論的支柱を形成した[8]。京大学派に一貫した流れをもつ三角縁神獣鏡舶載品説は，近年，さらに樋口隆康[9]や田中琢に受け継がれ[10]，都出比呂志や川西宏幸などの立論の多くにも命脈を保ち続けている。

　一方，かかる通説に反駁を示した森浩一は，この種の鏡が中国で全く出土していない事実を基礎として国産説を最初に唱え[11]，踏み返しの問題を網干善教がさらに補強している。国産説はその後，在野の研究者が支持する傾向を示したが，80年代を迎えて奥野正男の一連の考証が俄に登場し[12]，学界の反応を待ち受けている。奥野は岡崎敬ら日本向け特鋳説を含む先行の通説に対し，解釈にすぎないと批判を示し，中国鏡との差異を鏡紋自体の型式学的検討から深め，三角縁神獣鏡を傘松形図形＝黄幢の紋様化の始まった正始8年以後のある段階に出現した古墳時代前期の国産鏡と考えた。この見解とは別に，中国考古学者の王仲殊が解放後の新資料に基づき，三角縁神獣鏡は東渡した呉の工匠が日本で製作したと発表し[13]，議論が一躍国際的になるとともに投じられた波紋は大きい。なお，伝世鏡論など小林の掲げた諸説に対する原田大六の批判[14]も一顧に値する。

3 邪馬台国東遷の考古学的検討

　鏡に重点を置いた考古学者の邪馬台国大和説に対する橋本らの猛攻は，反作用として考古学の実証性を高める機縁をつくったが，一方では移動論の問題から派生して東遷説を用意した。北部九州の弥生遺跡・遺物と近畿地方の古墳・副葬品との間に看取し得る共通要素や連続性は，それを発展させる上での大きな材料だが，中山平次郎

は剣鏡玉文化の東漸により近畿に大和朝廷が建国され，それを神武東征の反映とみなし[15]，広義の東遷論の先駆をなした。西暦2世紀以前の邪馬台国前代に北九州勢力東遷の時期を設定する中山説は，その後，原田大六によって踏襲されるが[16]，このままの形では定着せず，九州で成立した邪馬台国そのものの東遷を力説する姿となって再登場する[11]。井上光貞の所論はこれを基盤とするが[17]，考古学の面からは圧倒的多数の畿内論者を前にむしろ正当な評価を受け得ず，東遷の年代を3世紀が妥当とした中川論[18]などが支持的検討を深めているのが目立つ状況にすぎなかった。

1960年代後半以降，中堅考古学者の多くは遺跡・遺物論を詳細に展開して畿内の絶対性・優位性を説き，大和至上主義ともいえる路線を高唱していった[19]。田辺昭三の著書[20]は，そうした動向の帰結点を示すに恰好の内容と論述とを含んでいるが，神武東征の亡霊と一蹴して東遷説を否定する一貫した姿勢に懸念を抱く研究者も最近に至って増えており[21]，西谷正は客観的な立場で九州・近畿を比較・検討し，とくに入手時期の早い舶載鏡を近畿で数多く想定できること，陶質土器出土地の中核が大阪湾沿岸部に存在することなどを論拠に，朝鮮文物の受容母体として両地域が予想以上に早くから個別に機能した状況を考え，邪馬台国成立の外的諸条件は近畿地方の方が整えつつあったとみる両立論にも近い見解を表明している[22]。両地方の考古資料がもつ異質性の指摘は確かに東遷説否認の方向性を有するが，奥野も言うように[21]，畿内説を稀薄なものへ導く素地も一方では横たわっていよう。

4 遺跡・遺物からみた3世紀論

文献史学の邪馬台国論とは異なって，考古学の最大の利点は，相対時期の把握された出土資料を正しい絶対年代に置換させる作業を限りなく続け近づけることにより，3世紀史の構築を客観的に行ない得る点にある。かような試みはすでに進められつつあり，一応の成果も出ているが[23]，3世紀として規定可能な文物は研究者によりなお流動的であって，今日万人の認めうる共通の土俵ができ上っているわけではけっしてない。

その最たるものが年代推定の物差しとなっている土器であり，年代論全体の照準が揺れ動く根本的な原因をつくっていると言っても過言ではないだろう。邪馬台国の所在論と直接関連する近畿と北部九州の小時期区分の齟齬は致命的ともいえる現象であり，長期間にわたって数知れぬ障害をもたらしてきた。すなわち，弥生後期初頭の規定をめぐって，畿内第IV様式と原の辻上層式を併行させたことにより論が分れているが，最近は併行関係のみを重視してI～V期区分が案出され[24]，さらに原の辻

上層式自体の評価の変容や第IV様式の櫛描文土器の存在が注目されるようになって，かつての編年観は両地域とも瓦解しつつある。中国や朝鮮半島からの招来品（主として青銅器）と弥生土器との伴出関係を基礎に置く暦年代論は，九州地方がはるかに有利であって，岡崎敬の整理[25]などを経て，洛陽焼溝漢墓などの中国鏡の年代観との対比を基軸とした精緻な実年代論が若手研究者により開陳されている。前述の期区分に照らせば，III期（前漢鏡）・IV期（後漢鏡）の大綱が成り立って，III期＝B.C.1C，IV期＝A.D.1Cの考定が一般には承認できるようである。後漢中頃～後半の長宜子孫内行花文鏡は2世紀代を中心とする鏡であり，3世紀を前後する頃にはさらに獣首鏡や半肉彫り式獣帯鏡が加わり，平縁神獣鏡が弥生遺跡での出土例をみないことを根拠に「3世紀前半代の間に少なくとも北部九州では弥生時代が終っている可能性」が説かれているから[26]，卑弥呼没年が古墳時代に入る蓋然性も高いわけである。

九州におけるこうした最近の年代観は，長年，高塚墳墓と絶縁状態を余儀なくされてきた邪馬台国論[27]を古墳の発生を遡上させることにより，心機一転，卑弥呼の墓を古墳として捉え直す視座を要請し始めた。前方後円墳の生成を布留式期からとする近藤義郎・都出比呂志らの説が安定をみてゆく中，近畿地方でも古墳時代開始年代を上げる傾向が顕著となり，丸山竜平は第V様式の終焉を250年代に，箸墓円墳の完成時期を270～80年代と睨み[28]，石野博信は3世紀の土器型式を下大隈式と西新式（北部九州），纒向1～3式と4式の一部（近畿）と考え，纒向1式を古墳時代前期初頭に位置づけるようになった[29]。畿内第V様式を1世紀後半から2世紀末に上げて考える筆者の年代観の大きな変化もこの際記しておきたい。また，九州では西新式の概念が不安定な状況にあるが，柳田康雄は土師器を庄内式併行の外来系土器を搬入する段階以降とみ，これに照応する在地産土器群を西新式と認識している[30]。

3世紀史の真相を検討するための素材は，日進月歩の考古学の研究情況からみてかなり変動をきたしつつあり，器の外の戸惑いは大きいかもしれぬが，確定までにはまだ相当の時間を必要としよう。ぜひともふれたかった銅鐸や高地性集落の問題は他書に譲り[31]，非力がゆえ至らなかった研究史上の思想的，政治的背景や展望も先学の論著[32]によって補って頂けるよう希望する。70年代以降増々盛んとなった邪馬台国を基調となす討議や展観も考古学の成果を普及する上に大きな役割を演じている[33]。

註

1) 古谷 清「江田村の古墳」考古学 雑誌，2―5，1912

2) 中山平次郎「漢委奴国王印の出所は奴国王の墳墓

に非らざるべし」「漢委奴国王印出土状態 より見た る漢魏時代の倭国の動静に就て」考古学雑誌，5—2， 1914

3）高橋健自「考古学上より観たる邪馬台国」考古学 雑誌，12—5，1922

4）笠井新也「邪馬台国は大和である（一）」考古学雑 誌，12—7，1922

　　笠井新也「卑弥呼時代に於ける畿内と九州との文 化的並に政治的関係」考古学雑誌，13—7，1923

　　梅原末治「考古学上より観たる上代の畿内」考古 学雑誌，14—1・2，1923

　　笠井新也「卑弥呼即ち倭迹迹日百襲姫命（一）」考 古学雑誌，14—7，1924　ほか多数

5）富岡謙蔵「日本出土 の 支那古鏡」史 林，1—4， 1916

　　富岡謙蔵『古鏡の研究』1920

6）梅原末治「本邦古代の状態に対する考古学的研究 に就いて」史学雑誌，36—4・5，1925

7）梅原末治『鑑鏡の研究』1925

　　梅原末治『漢三国六朝紀年鏡図説』1942

　　梅原末治「本邦古墳出土の同范鏡に就いて」史林， 30—3 など

8）小林行雄「邪馬台国の所在論について」ヒストリ ア，4，1952

　　小林行雄「古墳の発生の歴史的意義」史林，38— 1，1955

　　小林行雄『古墳の話』1959

　　小林行雄『古墳時代の研究』1961

　　小林行雄『古墳文化の形成』岩波講座日本歴史， 1，1962

　　小林行雄『女王国の出現』1967 ほか

9）樋口隆康『古鏡』1979

10）田中 琢『古鏡』日本の原始美術，8，1979

11）森 浩一「日本の古代文化—古墳文化の成立と発 展の諸問題—」古代史講座，3，1962

12）奥野正男『邪馬台国はここだ—鉄と鏡と「倭人伝」 からの検証—』1981

　　奥野正男『邪馬台国の鏡—三角縁神獣鏡の謎を解 く—』1982

　　奥野正男「邪馬台国問題と三角縁神獣鏡の国産」 季刊邪馬台国，11，1982 ほか

13）王仲殊「関于日本三角縁神獣鏡的問題」考古，4， 1981

14）原田大六『邪馬台国論争』1969 ほか

15）中山平次郎「考古学上より見たる神代史」考古学 雑誌，19—10，1929

　　中山平次郎「邪馬台国及び奴国に関して一太宰府 附近に於ける弥生式系統遺蹟調査（其八）」考古学雑 誌，21—5，1931

16）原田大六『日本古墳文化—奴国王の環境』1954

　　原田大六『実在した神話』1966

17）井上光貞『日本の歴史』1 神話から歴史へ，1965

18）中川成夫「邪馬台国東遷論の考古学的検討」物質 文化，I，1963

19）田辺昭三・佐原 真「弥生文化の発展と地域性— 近畿」日本の考古学，III，1966 など

20）田辺昭三『謎の女王卑弥呼—邪馬台国 と その時 代一』1968

21）寺沢 薫「大和弥生社会の展開とその特質—初期 ヤマト政権成立史の再検討—」橿原考古学研究所論 集，4，1979

　　奥野正男『邪馬台国発掘』1983

22）西谷 正「考古学からみた邪馬台国東遷 の 可能 性」歴史公論，8—4，1982

23）森 浩一編『三世紀の考古学—倭人伝の実像をさ ぐる—』中巻，三世紀の遺跡と遺物，1981

　　森 浩一編『三世紀の考古学』下巻，三世紀の日 本列島，1983

24）小田富士雄・佐原 真「北九州と畿内の弥生土器 編年の調整」高地性集落跡の研究，資料篇，1979

25）岡崎 敬「日本考古学の方法」古代 の 日本，9， 1971

26）高倉洋彰「鏡」三世紀の考古学，中巻，1981

27）斎藤 忠「邪馬台国の位置—邪馬台国の位置に関 する考古学的研究—」邪馬台国，1954

28）丸山竜平「箸墓 と 卑弥呼」季刊邪馬台国，17， 1983

29）石野博信「三世紀の北部九州と近畿」同上

30）柳田康雄「三・四世紀の土器と鏡」森貞次郎博士 古稀記念古文化論集，1982

31）松本清張編『銅鐸と女王国の時代』1983

　　石野博信「3世紀の高城と水城」古代学研究，68， 1973

　　都出比呂志「古墳出現前夜の集団関係—淀川水系 を中心に—」考古学研究，80，1974 ほか

32）鬼頭清明「邪馬台国論争の歴史と現段階」歴史評 論，229，1969

　　田中義昭「『邪馬台国』問題の二，三について—国 家の起源と民族の形成をめぐって—」考古学研究， 65，1970

　　佐伯有清『研究史邪馬台国』1971

　　佐伯有清『研究史戦後の邪馬台国』1972

　　大塚初重・小田富士雄・杉原荘介・田辺昭三・藤 田 等「邪馬台国論の考古学的検討」シンポジウム 弥生時代の考古学，1973 ほか

33）一例として，朝日新聞社主催の「邪馬台国への道」 展（1980），大阪文化財センター設立10周年記念「シ ンポジウム邪馬台国の謎を解く」（1982），奈良県立 橿原考古学研究所附属博物館の「三世紀の九州と近 畿」展（1983）

＜付記＞脱稿後，王仲殊説に反論された小林行雄の講演 （日本考古学協会，香川大学）があり，論点が注目される。

●最近の発掘から

弥生時代の環濠集落——奈良県田原本町唐古・鍵遺跡

藤 田 三 郎　田原本町教育委員会

1　遺跡の概要

　唐古・鍵遺跡は奈良県磯城郡田原本町大字唐古および鍵に所在する弥生時代の代表的な集落跡の一つである。当地は奈良盆地のほぼ中央にあたり，初瀬川と寺川に挟まれた標高 47m から 49m の沖積地に立地している。周辺には保津遺跡や東井上遺跡など弥生前期からの遺跡が散在している。

　本遺跡は 1936・37 年の唐古池の発掘（第 1 次）がおこなわれて以来，1967・68 年に第 2 次，さらに 1977 年（第 3 次）からは毎年継続的に調査がおこなわれてきた。第 12 次までは奈良県立橿原考古学研究所，第 13 次調査からは田原本町教育委員会によって調査されている。1983 年度はすでに第 16 次，第 17 次調査がおこなわれた。

　これまでの調査でムラは数条の大溝に囲まれた環濠集落で，その範囲は長軸径約 700m，短軸径約 600m におよぶ不整円形を呈していることが判明してきた。ムラ内部の様相は第 1 次や第 5，8，11，14 次調査で多数の土坑，柱穴群を検出している。弥生前期の土坑は 3m ほどの方形，楕円形プランのものが多く，納屋的な性格が与えられている。これに対し，後期の土坑は井戸と祭祀土坑の二種に分類できそうで，前期と後期では土坑の性格は異なるようである。

　環濠は第 3，7，9，12，13，15，17 次調査で検出されている。とくに第 13 次調査で検出された大溝は幅 10m ほどの大規模なもので目をみはるものである。また，遺物においても銅鐸鋳型などの鋳造関連遺物や鶏頭形土製品，鞘入り石剣など注目すべき遺物が多数検出されている。さて，1983 年度の第 16 次調査地はムラの南西部にあたる地域で，環濠内に含まれる地域であるにもかかわらず，6 条の大溝群を検出した。これらの大溝の検出によってムラ内部の様相はわずかながらではあるが判明してきた。

2　弥生時代前・中期の大溝

　南北 43m にわたるトレンチ調査によって 6 条の大溝を検出した。時期別では第 I 様式の溝 3 条，第 II・III 様式の溝 3 条であるが，そのうちの一つは継続的に第 IV 様式まで使用されている。

　弥生前期の大溝　SD-104，105，106 はいずれも第 I様式のものである。SD-104 は溝幅 2.4m，深さ 1.1mを計り，東北東から西南西方向に軸をもつ溝である。溝の断面形態は V 字形に近い形態を有し，これまでに検出された当遺跡の溝ではこのような形態を呈するものはほとんどなく，小規模ながら，時期的な問題を考えあわせるならば注意をひくものである。

　この SD-104 を切って SD-105 は掘削されている。溝幅 2.9m，深さ 0.7m を計り，比較的浅いのは粗砂層をベースにしているためであろう。北東から南西方向に走行する溝である。溝内には土器とともに流紋岩の石材片が多量廃棄されていた。この流紋岩は角を有し，剥離面は風化しておらず，また，溝内には他の自然石はほとんどないことからこれらの石材片は溝内に自然流入したものでなく，人為的に棄てられたものと考えられる。この石材は唐古・鍵遺跡の南方 6km の耳成山で採取されるものである。当遺跡においては弥生前期の段階では紀ノ川流域の石材の搬入は少なく，耳成山の石材を用いた石庖丁などが出土しており，このような状況で検出されたことはこの周辺に石器の工房址的なものが存在していた可能性が高い。

　SD-106 は SD-105 と同じ方向に走行する溝で幅 3.2m，深さ 0.8m を計る。前期の溝の中で最も遺物量が多い。本溝からは平グワの未成品（2 個体分連結）や木製杓子未成品，板材，杵などとともに土器や約 10kg におよぶ流紋岩石材が出土した。

　弥生中期の大溝　SD-102 と SD-103 は第 II〜III 様式で調査区東方で合流すると思われる。SD-102 は溝幅 3.3m，深さ 1.2m を計り，東南東から西北西に軸をとる溝である。溝の断面形態は U 字形を呈す。遺物量は少ない。SD-103 は溝幅 4.8m 以上，深さ 0.6m で溝としては形態がやや異なるが SD-102 と合流することやムラ内部にあたることから溝として把えられるであろう。SD-101 は第 II〜IV 様式の溝でほぼ東西に走向するもので，溝の断面は二段の逆台形を呈し，段掘りがなされている。溝幅 4m，深さ 1.2m を計る。上層では多量の土器片が集中していた。大溝群中，最も遺物量が多い。

3　大溝群の性格

　今回の調査で検出した大溝は大きく弥生前期と中期の二時期に分けることができる。ただ，これらの大溝に共

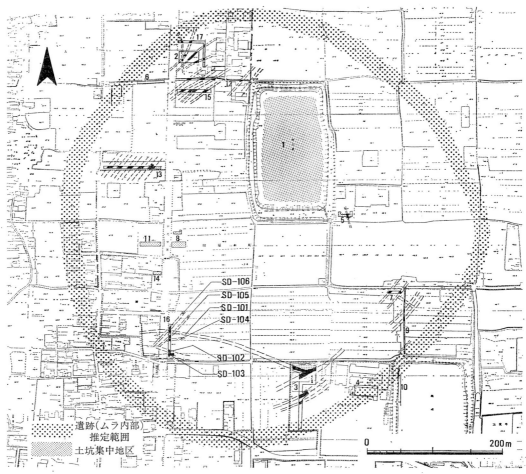

唐古・鍵遺跡の範囲と検出遺構

通することは弥生時代後期に再掘削がなされないことである。ムラを囲繞する大溝では後期の再掘削が大半のものにみられることから，これら大溝にはムラを囲む溝としての性格は少ないであろう。

弥生前期であるSD-105, 106は走行方向が同じでその性格は同様であろう。周辺の弥生前期の遺構との関係をみるならば，第1, 5次調査地と第8, 11, 14次調査地で土坑が検出されている。第8, 11, 14次調査地付近は微高地地形で前期の一つの中心地である可能性を有している。今回のSD-105とSD-106はこの微高地をとり囲む溝である可能性がでてきた。SD-106は遺物量が多く，ムラ内部に近いことを示しているのであろう。この溝の検出によってこの遺跡は前期段階には一つの大きなムラとして成立したのではなく，第8, 11, 14次調査地微高地と唐古池付近の最低2つの地区より成り立っていたことがうかがえるのである。

弥生中期のSD-101は第3次調査で検出されたSD-07と同一のものと，溝の形態や溝の開口時期から思わ れる。SD-102とSD-103は合流し，SD-101と同様の走行方向をとると考えられる。このSD-101は環濠と挾まれたムラ南端の一画を区画する溝になろう。板付遺跡によく似たムラの区画が本遺跡でもみられることになる。しかし，この区画された内部にどのような遺構があるのかは今後の課題となろう。

本遺跡の環濠は前期段階では1重ぐらいであって，その内部を集団を分つような溝もみられることが判明してきた。弥生中期以降，環濠は3重，4重と掘削されていくことになる。これらの溝群は第Ⅳ様式には埋没し，再度，第Ⅳ様式末から第Ⅴ様式にかけて掘削されている。第13次調査では5条の大溝が後期段階にはムラを囲繞することがわかった。後期は遺構面も安定しており，遺構もムラ内部に普遍的にみられることから中期段階までとやや異なった様相を呈してくるようである。

唐古・鍵遺跡は弥生集落跡の中でも屈指の規模を有し全体的な把握のなし得る遺跡の一つである。今回の調査によりムラ内部の様相がわずかながら判明してきた。

弥生時代の大溝が発見された
奈良県唐古・鍵遺跡

弥生時代の代表的な集落跡の一つ、奈良県磯城郡田原本町の唐古・鍵遺跡では1983年に、ムラの南西部にあたる地域を対象に調査が行なわれ(第16、17次)、環濠内に含まれるにもかかわらず6条の大溝が発見された。大溝は大きく弥生前期と中期の2時期にわけられ、後期の再掘削がないことや他の大溝や土坑の関係からみて、ムラを囲む溝としての性格は少ないように思われる。なお、溝の中からは土器とともに多数廃棄された流紋岩の石材片や平グワの未成品、木製杓子の未成品などが出土した。

構　成／藤田三郎
写真提供／田原本町教育委員会

第17次調査区全景 (上が北)
溝は北からSD-106、101、105、104少しおいてSD-102, 103である。北東方向のSD-106、105、104は弥生時代前期、これより北西に前期の土坑が集中する。他の大溝は弥生時代中期である。

SD-102, 103完掘状況 (北から)

調査地全景 (南から) 右上の森が唐古池堤

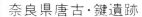

遺物出土状況(SD-106)(上)
弥生時代前期のもので、土器・木製品が多数出土した。溝右上に平グワ未成品がある。

平グワ未成品出土状況(SD-106)(中央)
全長約76cm、幅約21cmを計る。仕上げにちかい調整がおこなわれ、切断前の状態と思われる。

遺物出土状況(SD-105)(下左)
弥生時代前期の溝である。写真に白く写っているのは耳成山で採取される流紋岩である。この剝片が多数出土した。弥生時代前期・中期初めはこの石材で石器を製作していた。

弥生時代前期の貯水施設(下右)
SD-106溝の北側につくられたもので、湧水層である砂層内に前期壺の体部下半を利用してつくられた。

1973年調査区域全景

弥生〜古墳時代の集落跡
熊本県方保田東原遺跡

山鹿市方保田の菊池川右岸の台地上に位置する方保田東原遺跡からは弥生時代終末期から古墳時代への移行期の住居跡や溝状遺構などが検出されている。遺物では、中九州で最初の出土となった巴形銅器をはじめとして、鏡や銅鏃が出土している。また特殊な遺物も多く、祭祀行為を考える上で貴重な発見である。中九州における原始国家の存在を裏づける遺跡であろう。

　　　　　　　　　構　　成／中村幸史郎
　　　　　　　　　写真提供／山鹿市立博物館

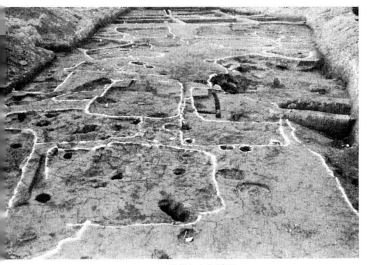

1982年調査区域全景　重複した住居跡が広がっている

溝状遺構(1982年調査)　重複した溝の中に多量の土器が堆積している

土器溜め全景(1981年調査)　6m×7mの広さにびっしりと捨てられた土器群

熊本県方保田東原遺跡

小形仿製内行花文鏡

巴形銅器

土製勾玉

石庖丁未製品

男根状石製品

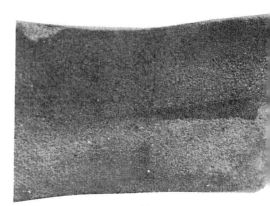
砥石に付着した鉄錆

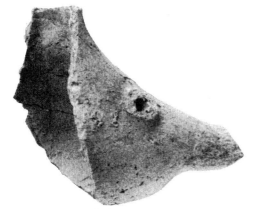
オカリナ形土器

笠形土製品

装飾ある土器

●最近の発掘から

弥生～古墳の集落跡——熊本県山鹿市方保田東原遺跡

中 村 幸 史 郎　山鹿市立博物館

　山鹿市教育委員会と山鹿市立博物館では，方保田東原遺跡の発掘調査を5度にわたって実施してきた。現在これらの調査のうち1～4次調査に関しては報告書の刊行を終え[1]，5次調査分の整理を進めている段階である。

　これまでの作業から，方保田東原遺跡は周辺の遺跡群も含め，中九州地域における原始国家の存在を考えるうえにおいて非常に重要な遺跡であることが明らかになったのである。

　ここに，方保田東原遺跡で得られた成果を報告するものである。

1　遺跡の環境

　方保田東原遺跡は熊本県山鹿市大字方保田字東原に所在する，弥生時代終末期から古墳時代前期にかけての集落遺跡である。

　この遺跡は山鹿市街地から東へ約3.5kmの菊池川右岸に発達した河岸段丘上に立地している。この台地は菊池川と方保田川（菊池川支流）が流れ，裾部では数カ所の湧水地を見ることができ，川の流域には広大な氾濫原や湿地帯が形成されている。また，台地上には方保田東原遺跡をはじめとして，大道小学校校庭遺跡，方保田遺跡，古閑白石遺跡，塚の本遺跡，馬見塚遺跡，石原遺跡，旧大道中学校校庭遺跡，鹿本商工高校校庭遺跡が存在する。

　これらは，方保田東原遺跡を中心として半径1km以内に分布し，時間的にも前後した時期である。また，古墳も多く残されていて，この地域における遺跡の密集は，熊本県下において他に見ることができない。

2　調査の歴史と成果

　この遺跡は1955年，初めて調査の手が加えられ，弥生時代終末期の竪穴住居跡と箱式石棺が出土し，以来その存在が明らかとなった。

　その後，遺跡内に工場建設が行なわれることになり，1973・74年の二度にわたって発掘調査が実施されたのである。その結果，1,680m²の中に竪穴住居跡35軒，石棺2基，石蓋土壙墓1基，木棺墓9基，土壙墓6基，土器溜め2カ所が検出された。遺物は膨大な量の土器，石器，鉄器とともに中九州で最初の巴形銅器と銅鏃が出土した[2]。

　1980年には個人住宅建設に伴って緊急調査が行なわれ，竪穴住居跡1軒が検出された。遺物では，ガラス製小玉1点と銅鏃1点が注目をひいた。

　この頃までは，遺跡の大半は畑地や工場用地として保存されていたが，1981年工場用地の一部が地元不動産業者の手に渡り，宅地開発の動きが生じたのである。山鹿市教育委員会は，文化庁・熊本県教育委員会の指導のもとに重要遺跡確認調査を1981年度に実施したのである。調査は広範囲にわたり，調査面積712m²の中に竪穴住居跡42軒，溝状遺構5本，土器溜め2カ所が検出された。土器溜めの一つは6m×7mの広さをもち，東端部からは小形仿製内行花文鏡が地表下23cmのところで発見された。この調査で，方保田東原遺跡の規模が東西350m，南北250m以上の広がりをもつ遺跡であることが判明した。

　1982年には，遺跡内に校区公民館建設が行なわれることとなり，緊急調査を実施した。

　511m²の中に竪穴住居跡24軒，石棺2基，石蓋土壙墓1基，土壙墓1基，溝状遺構4本が検出された。遺物は大量の土器とともに，ガラス製小玉2点，土製勾玉，ミニチュア土器などが出土したのである。

　この他にも数度調査が実施されているが，調査された総面積は2,959m²で，遺跡の規模に対しても，わずか5%にも満たない広さである。しかし，調査された区域のすべてから先に述べたような遺構や大量の遺物が出土していることから，遺跡内の全域に遺構の広がりが考えられ，非常に密度の高い遺跡であることが理解されよう。

3　調査で得られた成果

（1）　中九州で最も多く青銅器が出土する。

　遺跡の重要性を物語るものとして青銅器の出土がある。方保田東原遺跡では，巴形銅器，小形仿製内行花文鏡，銅鏃2点の計4点が出土している。遺跡の西側に隣接する大道小学校校庭遺跡からは舶載方格規矩文鏡が出土している。さらに西側に存在する方保田遺跡からは，小形仿製内行花文鏡と鏡片の2点が出土している[3]。また，遺跡の東側に存在する鹿本商工高校校庭遺跡からは銅鉾1点[4]が出土し，方保田東原遺跡と周辺の遺跡群から合計8点の青銅器が出土している。

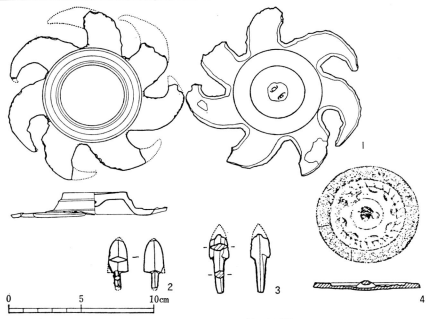

方保田東原遺跡出土青銅製品実測図

中九州(熊本県下)における青銅器の出土は，36遺跡(うち所蔵地5ヵ所を含む)53点が確認されている。河川流域別に出土状況を見ると，菊池川流域に18遺跡28点，白川流域に11遺跡15点，筑後川水系流域に3遺跡(すべて所蔵地)6点，緑川流域に3遺跡3点，球磨川流域に1遺跡1点が出土している。

これからも菊池川流域における出土が最も集中していることが理解される。このことは，当時菊池川流域がいかに重要な地域であったかを裏付けたものと言える。

さらに，菊池川における出土状況は，下流域で3遺跡3点，方保田東原遺跡が位置する中流域では9遺跡18点，上流域では6遺跡7点が出土している。このことから，菊池川流域における中流域の重要性を十分に理解できるのである。

(2) 祭祀遺物とその行為

これまでに，ミニチュア土器，土製勾玉といった遺物が100点近く出土している。これらは散発的に出土するのではなく，特定の住居跡から集中して出土する傾向を示しており，祭祀行為を考えるうえで，重要な要素を含んでいるといえよう。これらの住居跡には時間差も認められ，時期によって祭祀行為の場所が移動しているのである。さらに，青銅器の出土地点と，祭祀遺物の出土地点が隣接していることも興味深い事である。

(3) 鉄器の加工

この遺跡では，鉄器に関しては鉄片も含め170点以上出土し，その重量は1.5kgを超える。この中で器種が明らかなものは48点で，その内訳は，鉄鏃19点，刀子12点，手鎌6点，鉄斧4点，鉇3点，鎌2点，直刀・鋤先各1点，素材24点となっている。とくに素材と考えられる鉄器には，三角形，棒状，板状をなした3種類が見られる。これらは住居内からまとまって出土し，共伴遺物として鉄錆が付着した砥石が出土している。このことから，遺跡内で鉄器の加工を行なっていたものと考えられる。

(4) 交易を示す遺物

中九州や九州で見られなかった遺物が，この遺跡では多く出土している。笠形土製品は朝鮮半島の笠形青銅製品と密接な関係が考えられる。また，畿内を中心に見られる水差形土器の把手と同様の把手が，九州では初めて出土している。器台も，山陰地方で主として見られる鼓形器台や，北部九州で主として出土する，杷形器台が出土している。甕は在地系に替って畿内の庄内式土器や布留式土器の影響を受けた甕が出土している。

この他にも数多くの成果が得られており，今後の整理段階においても発見されることであろう。

4 まとめ

方保田東原遺跡の規模については，現段階での線引きは不可能である。というのも，遺跡の立地する方保田地区では，どこを掘っても遺物が出土する状態で，隣接する遺跡との境界を見出すことができない現状である。そのため，方保田東原遺跡と周辺の遺跡群については，いわば同一遺跡と考えることができよう。先に述べた青銅器出土状況からも，この地域が，弥生時代終末期から古墳時代にかけて，中九州における最も重要な地域で，原始国家の存在も考えられる地域である。

最後に，現在この遺跡は宅地開発されつつある。早急に指定の網をかぶせ，土地の公有化を進めていかなければ，2～3年で遺跡は地上から消え去ってしまうだろう。

註
1) 中村幸史郎ほか『方保田東原遺跡』山鹿市教育委員会，1982
2) 中村幸史郎「熊本県山鹿市方保田東原遺跡出土の巴形銅器」熊本史学，45，1975
3) 限 昭志「熊本県下の弥生時代鏡鑑」森貞次郎博士古稀記念古文化論集，1982
4) 川村真一「熊本県鹿本郡来民町御宇田発掘の銅鉾」考古学雑誌，25—1，1935

連載講座
古墳時代史
6. 6世紀の社会
―住居・集落・生産―

県立橿原考古学研究所研究部長
石野博信
(いしの ひろのぶ)

 6世紀——古墳時代後期の社会は，前・中期とくらべ大きく変質する。変質の画期は，すでに述べたように（第3回，5世紀の変革），5世紀中葉にあり，それが6世紀を通じて進展し，国家体制として定着し，整備されるのが7世紀後半であろう。言いかえれば，6世紀は律令国家への胎動期であり，胎動が集落・生産の各分野でどのように進行したのかを述べてみよう。それは，前2回でみた5世紀の各地域勢力によって押し進められたにちがいない。

● 住居と集落 ●

（1） 住　居[1]　万葉集には，時折「伏廬」がよみこまれている。伏廬はおそらく竪穴式住居であろう。竪穴式住居は，縄文時代以来の日本列島の住居形態であり，古墳時代以降，現代家屋に通ずる方形4本柱住居を基調とするようになった。

 古墳時代後期になると，室内の一定場所にカマドがつくられるようになった。室内へのカマドの固定は，室内を目的別に使い分ける——分割使用を促す要素であり，主柱から壁体に間仕切り施設を設ける方向へと展開した。カマドに類似した室内壁ぎわのヒドコロ（類カマド）は弥生時代後期の西日本に散発的に認められる（兵庫県東溝遺跡，大阪府観音寺山遺跡）が，普遍的な施設とはならなかったようである。古墳時代前期前半（庄内式期）になると，6世紀のカマド形態に近いものが現われる（大阪府四ツ池遺跡[2]）が，これも普及したようにはみうけられない。

 カマドが出現し，普及の方向へ向うのは古墳時代中期前半，あるいは中葉（5世紀前半〜中葉）の頃のようである。福岡県塚堂遺跡[3]では5世紀前半の住居に，和歌山県田屋遺跡[4]では同中葉の住居にカマドが設けられていた。両遺跡では陶質土器が出土しており，カマドの使用，ひいては室内分割使用の出自が朝鮮半島南部にあることを示唆している。また，カマドの出現は，大型コシキの使用を促し，食物の調理法に変革をもたらしたものと思われる。

 カマドが固定したことによって厨房空間がカマド周辺に固定し，主柱間（内区）は土間として利用され（踏みしまり），主柱と壁の間（外区）は物置，あるいは寝所となった。外区を間仕切りして使用することは，このような傾向を固定化することとなった。関東の鬼高式期（6・7世紀）の住居のカマド横から日常容器類がかたまって出土する例が数多く知られている。一群の容器類のうち，坏の占める率が高く，例えば千葉県公津原1号住居跡では8個の坏がカマド横の貯蔵穴周辺から出土している[5]。このような例は多いので，おそらくカマド横には食器棚的なものがあったものと思われる。坏は，佐原真氏が指摘された銘々器[6]——個人用器であり，個人用器の普及は室内外区の個人別使用，例えば個人別寝所の可能性をも考えさせる。

 6世紀の室内カマドの普及自体が，戸別の食物調理を示すものであり，消費生活における戸の独立性をよみとることができる。このことが，律令政府による戸籍作成，徴税体制の整備に連なるものであり，6世紀にも地域単位では，すでに行なわれていたかもしれない。

（2） 集　落　6世紀の西日本には，竪穴式住居からなる集落とともに，高床住居（掘立柱建物）からなる集落が存在していた。大阪府大園遺跡では，3〜5棟の住居と倉1棟からなる3群が近接して並び，さほど大きくない主屋を中心とする建

87

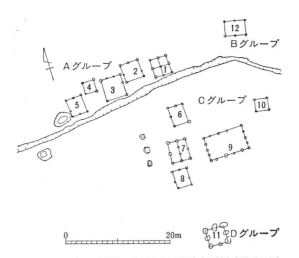

図14 5世紀の屋敷構 大阪府大園遺跡（広瀬論文註7より）

物群でも、それぞれが倉をもつ事例のあることがわかった。5世紀後葉の大園遺跡には、主屋・副屋と納屋・倉からなる屋敷が溝をはさんで併存している[7]ことからみて、西日本各地に屋敷構が存在し、屋敷が連接する集落も存在したことが想定されるようになった。前方後円墳被葬者の屋敷が、これらの中から抜け出て囲郭施設（溝・柵）をめぐらして存在したであろうことは十分に考えられる。6世紀の王の居館は、このようなものの一つであろう。

各地域の王の居館を中心として、都市的な空間が成立していたかどうかは明らかでない。しかし、雄略紀（13年3月）にみえる餌香市（河内）や武烈即位前紀ならびに万葉集（2951・3101）の海石榴市（大和）などによって、都市の機能の一つである物資交易の場――市の成立を5・6世紀に考えることは可能である。また、市が単に大和・河内という畿内中枢部に限られていなかったことは『豊後国風土記』の地名伝承にみえる海石榴市（岩波文庫本、234頁）や『常陸国風土記』の高市（同、77頁）などによっても知ることができる。

6世紀の市の遺跡は明らかではないが、群馬県三ツ寺遺跡の豪族居館が河川交通の要衝にあり、かつ船泊的な施設をもつことや生産地の遺構ではあるものの大阪府辻之遺跡で須恵器の集積地――出荷場が検出されている[8]ことは参考になる。今後、王の居館の検出とともに、その周辺地での物資集積場の折出――新たな視点による遺構・遺物の分析が必要であろう。

● 集落と墓地 ●

奈良盆地に約600基の群集墳がある。盆地東部の谷合にある竜王山古墳群である。約300基の横穴式石室と約300基の横穴からなる墓地で、6世紀を中心とする[9]。これらの古墳は、菅谷文則氏によると盆地中央部を生活領域とする人々が、水

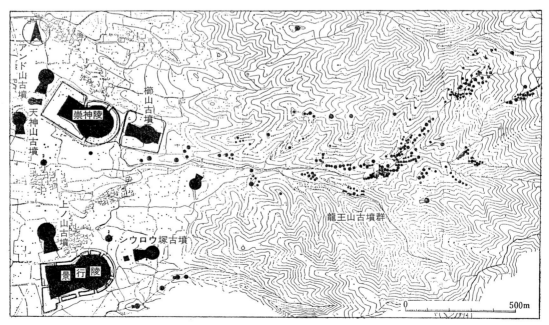

図15 大型群集墳の占地 奈良県竜王山古墳群（白石論文註11より）

源地と薪炭採集などを確保するために占地したものであるという。同様の例は，葛城山麓の笛吹・山口群集墳の中の4支群35基や高取山地の奥羽内群集墳17基などをはじめ多くをあげることができる[10]。菅谷氏の考え方は，近年検出されつつある平野部の低墳丘の墓を高塚古墳と区別することを前提としており，広い可耕地をもつ平野周辺の群集墳に適用することが可能であろう。例えば，大阪平野の高安千塚，西摂平野の長尾山古墳群，福岡平野の中原古墳群なども同じ視点で理解できるかもしれない。

白石太一郎氏は，これら大型群集墳について，近接する大型前方後円墳被葬者との擬制的同族関係を媒体として築造されたものと考えておられる[11]。文献史学の成果とも対応する魅力ある見解であるが，菅谷氏も指摘しておられるとおり，和邇氏や息長氏との関連が推定されている佐紀盾列古墳群に対応する群集墳がみられないなど，大型前方後円墳をもつ多くの地域に適用できない点に問題を残している。

両氏いずれの見解をとるにせよ，集落と墓地が遠く隔たることは事実であり，平野部での集落と墓地の関係を示している。

関東のように，丘陵上を居住適地としている地域では，同一丘陵上に近接して集落と墓地が営まれている場合がある。千葉県にとな遺跡は，約200×400mの丘陵平坦部に7群44基以上の住居と3群の古墳がある。住居は20m²前後でさほど大きくなく，とくに顕著な遺物はない。古墳は全長30m余の前方後円墳1基と5基の円墳からなり，群内初期（6世紀前半）の円墳に挂甲・碧玉製管玉をもっている以外は，直刀1振り，あるいは副葬品ゼロといった内容である。調査の結果，「古墳出土の土器と周辺住居址群出土の土器とは型式的にきわめて類似して」おり，「特に，B地区2号址やBⅠ地区第1号址出土の土師器高坏や坏は，第3号墳出土のそれに全く一致」していた[12]。にとな遺跡から考えうることはつぎのとおりである。

① 住居と古墳が，100m余の近接した位置につくられている。

② 住居群にはとくに大型住居を含まず，また富の集中を象徴する倉も持っていないが，前方後円墳を築造している。

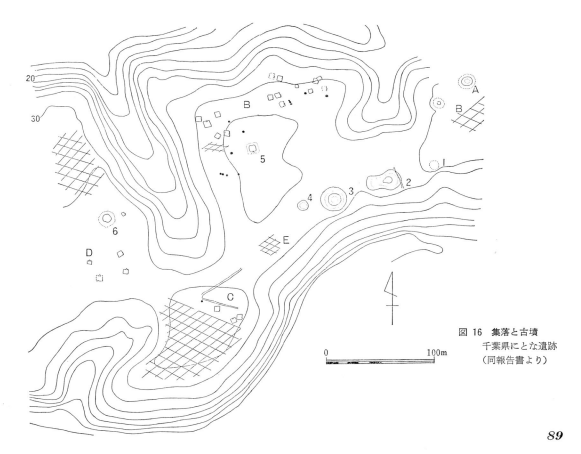

図16 集落と古墳
千葉県にとな遺跡
（同報告書より）

③ 推定同時存在住居30基余で6基の古墳を築造しているが，他に無墳丘の墓地が認められない。

にとな古墳群は，隣接する養老川流域の古墳群の一般的なあり方と共通しているという。そして，報告者が言われるように，住居と古墳が同時期であり，両者に直接の関係があるとすれば，千葉県西南部における6世紀の住居と古墳の一般的なあり方の一つとすることができるであろう。

このようなあり方は，関東の古墳時代前・中期の住居と小規模古墳の占地と共通するものであり，西日本においても弥生時代以来認められ，大阪府七の坪遺跡（古墳時代前期）などの近接する住居と方形周溝墓群に継承されている現象と等しい。

これは，菅谷氏が指摘された用水源確保とも，白石氏の擬制的同族意識にもとづく大型群集墳の築造とも異なる現象であり，むしろ集落と墓地の一般的な占地であるかもしれない。

● 水田と水利 ●

最近，広瀬和雄氏は「古代の開発」を総括され，7世紀初頭に大きな画期を求められた[13]。広瀬氏は，7世紀初頭に「沖積平野と洪積段丘との統一的，計画的大開発」が「国家」主導のもとに行なわれたと説く。従来の応神紀や仁徳紀の池溝開発記事にひかれた古墳時代大開発論を批判されたのである。ここでは，5世紀中葉の「農具鉄器化」も「乾田化」も小画期の一つを占めるに過ぎない。

広瀬氏の7世紀畿内大開発論は，従来5世紀と考えられていた大阪府古市大溝が6世紀前半の古墳を壊して築造されていることを根拠としている。しかし，それだけではなく，大溝に沿う段丘上の集落が7世紀に増大することをあげている。各地域で開発の歴史を考えようとするとき，集落の継続性，あるいは増大する時期をとりあげるのは確かに有効であろう。そうすれば文献に記載されていなくても，現地形から古代の灌漑水路や溜池を析出し，遺跡分布と重ねることによって古代の開発を追究することが可能である。

ここ数年の関東の調査によると，鬼高式期と国分式期の集落が圧倒的に多い。鬼高式期は6〜7世紀に及ぶが，その多くが7世紀とは考えられず，関東の開発の画期は6世紀にあると考えるこ

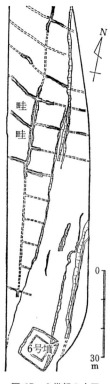

図17　6世紀の水田
大阪府長原遺跡
（同報告書より）

とができる。それは，広瀬氏のいう首長主導型の開発であろう。

関東の6世紀の水田跡は群馬県で数多く知られている。熊野堂遺跡や新保遺跡では小区画ながら直線的な畦畔が100m余にわたって検出されており，計画的な水田開発の一端を知ることができる。

近畿の例を大阪府長原遺跡にみよう。長原遺跡の水田区画は小区画は40m²，大区画は160m²とバラツキがあるが，一部には水田幅8.2〜8.5mとまとまっている地域があるので，ほぼ同面積・同形状の水田が連なる地域があるのかもしれない[14]。これらの水田は，5世紀の古墳群地帯につくられており，6世紀の水田開発がかつての墓地をも対象としたことを示している。

水田への水がかりについては，水路・堰・水田の一体的な調査がないため不明である。そこで参考になるのが伊達宗泰氏の一連の論文である[15]。伊達氏はとくに奈良盆地を中心として現代の水系と水がかりをもとに水支配地域を復元し，古代集落，ならびに古墳群との関連を検討された。基礎資料が現代の水利慣行であること，奈良盆地の現水系は平安時代末〜中世に大きく改変された姿であって，古代の水系を十分に反映していないこと[16]に難点があるが，旧河道を復元しつつ伊達氏の方法を援用することによって古代の水がかり——水支配地域——領域の復元が可能であろう。この方法は，ひとり奈良盆地において有効なだけではなく，各地域の平野部において試みられるべきである。その結果，岡本明郎氏が早い段階に的確に指摘され[17]，菅原康夫氏が整理された灌漑施設としての井堰の検討[18]が生かされる。

● 農業生産の画期 ●

八賀晋氏の土壌論[19]，都出比呂志氏の農具鉄器

化[20]，黒崎直氏の木製農耕具の変革[21]など三氏三様の検討によって5世紀中葉に画期が見出されることが述べられた。八賀氏が根拠とされた土壌型は現代のものであって，土壌型は常に変化していること，したがって古代においても同一土壌型とは言い難い。また，農業生産の拡大は農耕地の拡大によってはたされたであろうから，生産を向上させるための農具の鉄器化は開墾具でなければならない。都出氏が指摘されたU字形鋤先を着装しても開墾具になりえないので，直ちに生産の向上とは結びつかないだろう。黒崎氏のナスビ型鋤先もまた同様である。

5世紀中葉に様々な分野で変革のきざしがみられることはさきに述べた（第3回）。農耕地については，方画地割の変遷から5世紀後半の画期を想定した[22]。したがって，水田の乾田化，開墾具の鉄器化がこの段階に行なわれたことはありうることと考えるが，三氏の見解には若干の危惧をもつものである。

農耕具についてはさきに触れたことがあるので図示するにとどめたい（図18）。

● 鉄と塩と須恵器と玉 ●

鉄と塩と須恵器と玉の生産については多くの研究の積み重ねがあるので，その個々については触れず，6世紀でのあり方を考えてみたい。

鉄生産と鉄器生産は区別して検討されているが，両者を早くみる論者は，弥生時代中期にその開始を求める。古墳時代には鉄器は大幅に普及したように見うけられるが，その生産，ならびに地金の輸入は王ならびに首長層に限られていたであろう。製鉄遺構の最も古い例は，近年調査された岡山県大蔵池南遺跡（6世紀後半）である。この頃になると中国山地と北部九州などの古墳に鉄滓が副葬される例が目立つ。岡山県稼山古墳群では16基中9基に[23]，福岡県大牟田古墳群ではそのほとんどに認められる[24]。この現象は，岡山県喜兵衛島における横穴式石室への製塩土器の副葬[25]と同様，鉄・塩ともに専業者集団の存在を考えさせる。

須恵器生産の開始も徐々にさかのぼりつつある。福岡県小隈窯跡では5世紀前半の伽耶系土器が焼かれていた[26]。大阪府一須賀窯跡や陶邑窯跡群より先行するものであり，北部九州での今後の検討が期待される。地方窯の成立も5世紀後半にははじまったらしく，愛知県東山111号窯はその一例である[26]。「土器といったものは，特に宮廷が集中的に所有する必要もないし，また人民に分配してもとくに権力にとって危険なものでもない。大王は，一定量のものだけを『陶部』から確保すれば，あとはある程度自由に分配されていった」[27]のであり，須恵器の普及，工人の拡散は迅速であったにちがいない。

玉は，弥生時代前期以来，山陰・北陸などの玉

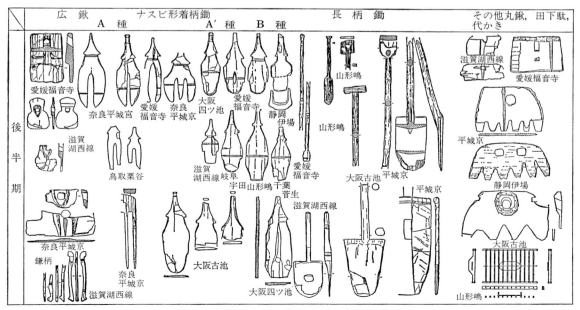

図18 古墳時代の木製農耕具（石野論文註15より）

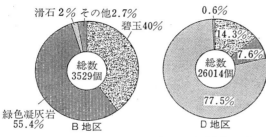

図19 玉作と原石 奈良県曽我遺跡（関川尚功報告より）

素材産出地で生産されていた。古墳時代に入ると，山陰は集中的に，北陸は各集落ごとに王ならびに首長層の注文をうけて生産を拡大していったらしい。5世紀後半には両地域とも生産が大幅に縮小される。それに対応するように奈良県曽我，同布留，大阪府陵南などの近畿の各遺跡で大規模な玉生産が開始され，6世紀後半まで継続する。大王，あるいは大豪族による専業者集団の集中管理・集中生産が行なわれたのであろう。曽我遺跡の地域は中世には忌部庄であり，忌部氏が管掌する玉作部の成立を思わせる（図19）。

● まとめ ●

6世紀の社会は，住居内にカマドを固定して消費生活の自立性をみせるとともに，集落には屋敷が構えられ，王の居館の周辺には都市的空間——市の成立が類推できる。そして，集落の人々は，生産地の用水源を確保するためにも墓地（高塚古墳）を同水系の山間谷間に設定し，それとは別に集落周辺に，より下層者の低墳丘墓がつくられた。弥生時代以来の方形周溝墓の系譜は，奈良県矢部遺跡をはじめ，各地で継続したのである。

農業生産は，関東での鬼高式期集落の増大にみられるように，6世紀に大きく飛躍した。それは河川をつなぐ長大な灌漑水路の開削と溜池の築造によった可能性がつよく，このことが初期方画地割の整備を進渉せしめたものと思われる。

鉄・塩・須恵器・玉などの生産は，王ならびに首長層の介入をうけながら，各地で専業者集団を輩出し，横穴式石室墳を築造しうる階層へと成長した。それは，各生産分野において，単に王ならびに首長層のためだけではなく，一般の需要に応える体制へと展開したからであり，商品としての流通がはかられたものと思われる。それが，王の居館周辺や交通の要衝での市の成立を促すこととなったのであろう。6世紀の社会は，古墳時代の後期と認識するよりも，律令社会の萌芽期と位置づけるべきであろう。

註
1) 石野博信「考古学から見た古代日本の住居」家，社会思想社，1975
2) 堺市教育委員会の樋口吉文氏のご教示による。
3) 福岡県教育委員会『塚堂遺跡 I』1983
4) 和歌山県教育委員会山本高照氏のご教示による。
5) 天野 努『公津原 II』千葉県文化財センター，1981
6) 佐原 真「食器における共用器・銘々器・属人器」文化財論叢，奈良国立文化財研究所，1983
7) 広瀬和雄「古墳時代の集落類型」考古学研究，97，1978
8) 石田 修・十河 稔「堺市辻之遺跡現地説明会資料」堺市教育委員会，1982
9) 清水真一「奈良県天理市竜王山古墳群の問題 I・II」古代学研究，62・63，1971・72
10) 菅谷文則「六世紀の墓地と村落と水源」ヒストリア，72，1976
11) 白石太一郎「大型古墳と群集墳—群集墳の形成と同族系譜の成立」橿原考古学研究所紀要，2，1973
12) 坂井利明ほか『にとな』仁戸名古墳群発掘調査団，1972
13) 広瀬和雄「古代の開発」考古学研究，118，1983
14) 石野博信「古墳時代の農耕」ゼミナール日本古代史，下，光文社，1980
15) 伊達宗泰「古墳群設定への一試案」橿原考古学研究所論集，3，1975 ほか
16) 中井一夫「奈良盆地における旧地形の復原」考古学論叢，関西大学，1983
17) 岡本明郎「農業生産」日本の考古学，V，河出書房，1966
18) 菅原康夫「弥生系農業における水利施設の意義と展開 上・下」古代学研究，92・93，1980
19) 八賀 晋「古代における水田開発」日本史研究，96，1968
20) 都出比呂志「農具鉄器化の二つの画期」考古学研究，13-3，1967
21) 黒崎 直「古墳時代の農耕具」研究論集，III，奈良国立文化財研究所，1976
22) 石野博信「古代方画地割の整備」考古学と古代史，同志社大学，1982
23) 光永真一「古代の鉄生産」考古学研究，118，1983
24) 三島格氏のご教示による
25) 近藤義郎『前方後円墳の時代』岩波書店，1983
26) 「シンポジウム日本陶磁の源流を探る」大谷女子大学，1983
27) 門脇禎二・近藤義郎・藤沢長治「生産の発達—序説」日本の考古学，V，1966

書評

坂詰秀一編
板碑の総合研究
1 総論編　2 地域編

柏書房
1：A 5 判　2：B 5 判
6,800 円,　15,000 円

　この度坂詰秀一教授編による『板碑の総合研究』が刊行された。総論編と地域編から成る。坂詰教授の歴史考古学における業績はすでに定評がある。発足して未だ日浅い同学が「中世学」の構築を指向して独自の進歩を果しつつある現実の相は坂詰教授に負うところが多大である。板碑の研究は明治以来三代百年の歩みを続け，その間，多くの調査報告，論説や何種かの編著書が発表されているが，概ね一地域，一行政区域の枠内にとどまり，全国的視野での総合・統合研究は，斯学の研究にたずさわる誰もが希求するところでありながら，果し得なかった。この意味においても『板碑の総合研究』の出版はまことに意義深く，かつ画期的な好著と評価できる。

　「総論編」は三章から成る。初章「板碑の名称とその概念」は坂詰教授が執筆し，昭和の半世紀間にわたる板碑の名称論争史を手短かにまとめ，板碑の概念を的確に捉え，その成形を具体的に説き，以て結論づけている。次章「板碑研究史」は縣敏夫氏が「近世の地誌等に現れた板碑の紹介」「明治・大正・昭和（戦前）の研究」「板碑研究の論争」「戦後における板碑研究の展開」と，研究の推移を論述し，長年にわたる観察はよく的を射て謬らず，かつ主要文献をほとんど挙げて漏らすところがない。なお慾張って希望するならば，函館の貞治6年板碑について大正13年北海道史蹟名勝天然紀念物調査報告書が紹介し，また称名寺須藤隆仙師が昭和34年『解信』誌で取りあげていること，陸奥国板碑について享和2年ころ津軽藩士間宮甚五郎・金清右衛門が『古碑考』を編して津軽郡内の「古碑」35基を図写・丈量し，かつ銘文の詳細な考証をしており，その中の数基は吉田東伍編『大日本地名辞書』にとりあげられていること，司東真雄氏の岩手県板碑の研究は昭和7年発足し，同29年『岩手県の古碑』上，翌年補遺ガリ版100頁があることなどは，僻地板碑の数少ない文献なので，紙数の制限を厭わずに記録して欲しかった。

　「板碑研究の論争」は注目される。およそ研究に論争はつきもので，それを経ることによって研究は一段と進展させられる。ここには徳蔵寺元弘板碑，クリカラ不動板碑，板碑の名称，時宗板碑，脇屋義助板碑問題をあげているが，その当時の板碑研究家がともに各自の持味を出し合っての論争であった。そのなかで時宗板碑論争での三輪氏と私との関係については少しく誤解があるようで，三輪氏はこの事によって板碑研究の筆を折ることなく，「善阿残稿」を通じて私とは板碑を語り，亡くなる前年まで続いたのである。

　「板碑の諸相」は最も特徴的な編である。結衆と講集団，民間信仰，種子と梵字，偈文，題目，名号，十三仏，曼荼羅，塔形，仏具，修験道，神道，私年号など13項目について，昭和初年当時には名目を挙げるにすぎなかったものを，研究家諸氏らが分担し，多くの新資料に基づいて広く深くほり下げ，編者が目途したであろう板碑の「中世学」における位置を意義づけている。また「板碑主要文献解題」はそのままが板碑研究編年史の体である。

　「地域編」は文字通り板碑の地域・分県的概論である。私はかつて試案として武蔵・常総・東北・畿内・阿波・九州と型式分類したが，本書は「県別に記述することによって，形状と展開と分布を石材との関係において大観し」たいとの趣旨で近代の行政的分県にしたがって8地方46県に分別し，各県もっとも勝れた研究歴をもつ36氏が分担，論陣を張っている。

　はたして各県ともに文献，研究史，分布，造立由緒並に推移，材石とその形態，銘文その他の問題をとらえて追究し，もってその地域存在板碑の本質を極め，板碑が果たした宗教的役割り，ひいては地方文化史的な意義を見出し，それらの事ごとを限られた字数で，いかに明確に表現するかに苦慮されたが，しかしいまだ充分に意をつくしていないようであり，かつ各県ともに半ば孤立した縦割り型で研究が進められたために，重要な手段としての比較研究が充分につくされてない憾がある。「板碑」名称論は坂詰教授の巻頭言で本書での詰めはなされたが，「碑伝」とのかかわりが新たな問題としてわだかまり，また板碑の材石とその原産地の追及が未だしの感がある。このことは地域板碑の根元をもとめる紐帯として重要である。

　そこで序でに願うのは，折角の機会なので，本書執筆者が結集して問題点を討議する場を持つことの一事である。板碑は本来，荘園制・大名領国制時代の所産なのであるから，近代分県を中世に還元した地域性を索める意味においても大事であろう。いずれにせよ，板碑研究者にとっては必読すべき待望の好著である。
　　　　　　　　　　　　　　　　　（服部清道）

書評

麻生 優編
人間・遺跡・遺物
—わが考古学論集1—
文献出版
B5判 351頁
9,800円

　まず、ユニークな題名の論文集である。編者の麻生優氏は序言の中でその意味を次のように説明している。「遺跡・遺物の表面的現象のみならず、それを動かし息づいた当時の人間を追求する。それが現代における考古学研究の目的であるとの認識から、その目標を一段と高くかかげる意味で、表題を"人間・遺跡・遺物——わが考古学論集"とした」と。

　その主張は重要な視点である。この本にも紹介されているように、麻生氏は1963年に長崎県百花台遺跡の発掘を故和島誠一氏らと担当して以来、この地域の考古学上の調査に深くかかわり、1964年から開始した岩下洞穴の発掘は3次にわたり、その後、1970年にはじめた泉福寺洞穴の発掘は、実に10年間10次にわたり、日本考古学界ではまれにみるねばり強い長期の継続調査として実施されたのである。そしてその間の成果は大きい。とくに麻生氏を中心とした泉福寺の調査団は、洞穴を住居とした石器時代人の生活の様子を、遺跡の発掘を通して得られるあらゆる情報を最大限にキャッチする目的で、徹底的に「原位置論的」な記録を試みるという発掘を行なったのである。欠損部分のない完形品でも全長せいぜい3〜4cm（平均）以下、幅も数mm以下という細石刃などを中心とした多量の出土品を、表向きか裏返しか、方向がどっち向きで、傾斜の具合はどうかという出土状況を、一つ一つの資料すべてについて記録するという作業はたいへんなことである。泉福寺の発掘でも、そしてそれ以前におこなわれた岩下洞穴や十三坊台遺跡でも、そうした発掘が実際に行なわれたのである。これはまさに、現象を通してそこに息づいた当時の人間を追求するという、麻生氏の問題意識の実践であったといえるのであろう。

　泉福寺洞穴などの調査の成果の中で、われわれが最も期待していることの一つは、精緻な原位置論的発掘によって、考古学的遺物とその遺存状態が示すデータが、当時の人々の生活の行為と結びついて、どんな情報を現代に与えてくれるかということである。1980年夏から合宿整理という形ではじめられた整理・研究の結果がまたれるゆえんである。

　ところで岩下・泉福寺洞穴等々と続いた麻生優氏の発掘調査には、調査員として多くの大学生（いくつかの大学の）たちが参加し、しかも彼らは毎夏のように、大学を卒業して社会に出てからもそれらの発掘に通いつづけた。その中から『発掘者』というガリ版刷りの機関誌が生まれ、「発掘者談話会」という研究会組織が出来ていった。『発掘者』は200号に達し、15年間にわたって毎月のようにひらかれた例会では、学界の先端を行くような研究発表が数多くなされたといわれている。麻生氏は自宅を開放して夫人とともにそこに集る若い世代の研究者や学生の世話を見、指導を続けてきたのである。

　私はこの書の題名『人間・遺跡・遺物』の中に、麻生氏が序文で述べた意見とは別に、15年間にわたる麻生氏を中心とした「発掘者談話会」という研究集団が、遺跡・遺物を媒介として人間としての連帯感に結ばれた、一つのあるべき研究・学習活動の姿の表徴を見る。そして事実、そうした地道な研究活動を通じて、すぐれた多くの若手研究者が育った。

　この論集はそれら若手研究者が、麻生氏の発掘や「発掘者談話会」での研究活動の中から学んだものを、それぞれのテーマにそってまとめた論文集であって、350頁近い大冊の単行書としては、いままでに例のない最も執筆者年代の若い論文集ではないかと思う。

　内容は旧器時代関係6、縄文時代5、弥生時代4、歴史時代2の合計17編の論文と翻訳1を含む各論2編からなっている。そのすべてについて目を通す余裕はなかったが、旧石器、縄文時代関係の論文についていえば、いずれも意欲的で興味深い研究対象に触れている。とくにナイフ形石器の形態組成を扱った栗島論文、細石刃の形態を詳論した織笠論文、石斧の出土状態から着柄、機能の復原に迫ろうとした田中論文などは、当時の人間の息づかいに接する期待をもたせるものであったが、他の論文もふくめて全体としていえることは、分類や類型化の複雑さ、その記号表現法の用い方が、文章や記述のむずかしさとあいまって、そこに息づいた当時の人間を追求する内容にはまだ距離があると感じた。

　しかしそのことはこの論集の決定的な欠点ではない。むしろ現在の日本考古学の中で、実践的な研究活動の経験と、方法論を含めた今後の研究の動向に意慾をもつ若い研究者に、こうした積極的に論考を発表する場を与えたことにこそ重要な意義がある。ひきつづいて論集2以下が続刊され、そうした研鑽を重ねて、泉福寺洞穴をはじめとする研究の成果が、新しい考古学の方向を示す指標として生かされることを期待するものである。

（戸沢充則）

書評

三宅敏之著

経塚論攷

雄山閣出版
A5判 378頁
6,800円

　これまでわが国の経塚研究に多くの業績をあげられた三宅敏之氏の経塚関係著作が一書をなして発刊され、考古学界にまた一つすぐれた財産が提供された。氏の還暦を記念して坂詰、関両氏が主として事をはこばれ、謙虚なお人柄の氏をついに承諾させたという経緯も心暖まる話である。

　本書は「経塚営造の諸相」、「遺跡と遺物」、「経塚研究史とその動向」の三部構成に分類されている。第一部は藤原道長、清原信俊、藤原兼実、富士上人末代ら代表的な平安宮廷貴族や僧侶が埋経業を実践するにいたった意趣や思想を、当時の日記・記録を丹念に整理検討するとともに現地踏査、遺物の検討を加えて究明された労作と、福島県・栃木県の経塚資料を集成して総括的に考察を加えた論攷などを基礎として、「経塚の発生とその展開」に集約された氏の経塚研究の到達点が示されている。とかく考古学では経塚をとりあつかう場合に、発掘してその状態を報告する段階に終始することが多い現実に対して、経塚営造にかかわる営造者と営造事情を歴史学的に、また思想史的に究明してゆこうとする、見おとされがちで、しかも現象面の背後にあるきわめて基本的な重要な問題の本質にせまる諸論攷である。「福島県の経塚」冒頭に述べられているように、発掘ですべてが解決されるという安易な考えは持つべきでなく、「よき指導者のもとに発掘が計画的に行なわれている時は、つとめて見学するなり、幸いにそうした調査に参加できる機会が得られたならば、それを充分に生かすべきである」こと。遺跡・遺物を調査するには「まず歩くこと、そしてみることが何よりも大切である」ことを指摘されて氏の研究にたずさわる基本姿勢が明確にされている。

　以上を承けて展開される第二部の個別報告・論攷はまさに上述の氏の研究を具体的に示された実践篇ともいうべきものであろう。山梨、愛知、三重、岐阜、京都、奈良、山口、愛媛の諸県にわたる経塚遺跡・遺物の実地踏査と検討の記録である。いずれも新たな発掘調査ではなく、各地に蔵されている既発掘資料の再検討であり、上述された氏の提言どおりによく実地を歩かれ、よく物を見られていることを痛感させられる。東京国立博物館といういそがしい職責のなかで、各地を訪れた折々の機会を生かしての踏査であった点はまず敬服させられるところである。これらの調査の背景には常日頃から第一部の論攷にみられるような不断の文献や遺物の整理研究を重ねられたところから養われた透徹した史眼の存在があったことを随所に読みとることができよう。これはさらにこれまでほとんど手をつけられていなかった中世の廻国納経をあつかった「六角宝幢式経筒について」の論攷に結実してみることができる。

　第三部では各年度における経塚研究の動向を展望した現状と課題、奈良国立博物館編『経塚遺宝』の書評、石田茂作先生の追悼文などがあつめられている。ここに収められた昭和37、41、47、53年度の動向を通読してみると、近年のわが国における刻々の研究動向がよく整理され、またすすむべき方向性が提言されている。

　氏が生涯の師と仰いでいる石田茂作先生の御指導を得られたことは、大変幸運であったと思われるが、また氏が石田先生を敬慕する心情も並々でなかったことは、本書の随所に示されている。巻頭の写真図版に石田先生の書や遺影が登載されていることでも十分に察せられるであろう。私自身も学生時代から石田先生の謦咳に接し、指導を受けた一人として、その影響をおおいに受けているので共感するところも多い。

　氏はいまや石田先生以来の経塚研究の学燈を継承する中心的存在である。本書にはそのエッセンスが集約されており、今後経塚研究を志す後学諸氏にとっても、まず本書をひもとかねばならないこととなろう。石田先生が十分に説き及ばなかったところを追究されるとともに、氏独自の学風を築きあげられたことは高く評価されるであろうが、この還暦を一転機としてさらに新しい境地を開拓されることを祈ってやまない。そうして私共後学にもっと多くの指針を示していただきたいと願うのは私だけではないであろう。

　氏の温厚にして謙虚なお人柄は訪ねる人を親しませてくれる包容力となっている。功をいそがず、学に対しての厳しさを保たれながら、これからもひたすらにこの道を歩みつづけられることと思う。私には氏の業績をあやまりなく伝え得る自信とてないが、蕪辞をつらねて氏の還暦の賀と本書の刊行を喜びたい。

（小田富士雄）

論文展望

選定委員（五十音順称略）　石野博信　岩崎卓也　坂詰秀一　永峯光一

齊藤基生
打製石斧研究の現状
信濃　35巻4号
p. 21〜p. 40

打製石斧は縄文時代を代表するごく当り前の石器として見られてきたが、分布の濃淡をはじめその実態は必ずしも明確ではない。最近属性に関し急速に研究が進みだしたが、未解決の部分はまだまだ多い。ここでは現在までの研究成果を元に、今打製石斧のどの部分がどの程度明らかになっているか、属性（形態、自然面と反り、側縁部の調整、欠損）、製作・使用・廃棄、分布の各項目を検討した。

形態は素材の石質によるところが大きく、自然面と反り、側縁部の調整、使用痕についても同様である。これは打製石斧が時間差よりも地域差を強く現わすことを示している。また、法量は多少のばらつきがあるもののほぼ似通っている。欠損についてはまだ資料が不充分で多くを語れないが、使用痕研究と同様力の加わり方が復元できたとしても、具体的用途までは知ることができない。製作場所は製品と剝片の出土比率からみるかぎり、集落外でより多く作られたようである。着柄法は突き鍬状の可能性が最も高い。廃棄に関し、出土数の多寡は総廃棄量の多寡を示しているだけで、即使用量には結びつかない。機能・用途についてはまだ概念規定が不充分であるが、機能は「土掘り」であり、用途はそれに関する様々な行為とする。分布について、土掘り具となる打製石斧は、東日本の広い範囲で前期に出現し、中期に多摩川流域などで急増するものの、後・晩期には減少する。逆に西日本では後・晩期に増加する。以上のように纏められるが、先学を越すことはできなかった。

かつて打製石斧は縄文農耕論との関係で論じられてきた。最近属性分析が進み、多くのデータが蓄積されてきているが、本質的なところを見失った分析のための分析という観がある。とくに形態分類に関し、細分化の方向が土器型式研究と同じ轍を踏みそうな気がしてならない。いずれにしろ研究が始まった今こそ各研究者が共通理解の礎を作る努力をしなければならない。

（齊藤基生）

竹内尚武
縦横区画帯銅鐸の系譜
古文化談叢　11集
p. 233〜p. 254

縦横区画帯銅鐸とは鐸身を袈裟襷文や連続渦巻文もしくはそれらの合わせ文によって四・六・九・十二区画せられた銅鐸群をいう。このような銅鐸は初期・前期・中期・後期と四期分類したとき、そのいずれの期にも存在するが、本稿では中期のものについて型式分類を試みるとともに、そこから派生する問題を考えてみた。

銅鐸の、遺物学的手法による型式分類の細分化は遺跡学的事例が限られている以上、なお有効な基礎作業となっているが、この面からの研究は一頓座の感がある。筆者は銅鐸の変遷は装飾化の過程とみることから、分類に当たっては銅鐸の装飾のために取られた各種の指標が、いつ、どの段階で現われ、さらに展開していくかを追求していくよう留意している。とりわけ細分類化して銅鐸のより具体的な姿を知ろうとする場合、避けて通れない手続きとなる。

その結果、①縦横区画帯銅鐸は四区画と六区帯とに二大別でき る、②両者ともに三類六式に分類できる、③四区画帯銅鐸は六区画帯のそれに先立って分布圏を濃厚に広げていく、④しかし両種銅鐸はすでに初期の段階から同時的に見られる、⑤四区画帯銅鐸の六区画帯のそれに増しての装飾化の変転に速さがある、⑥第3類に至って両種の銅鐸は初めて直接的な交流をもち、いわゆる融合型銅鐸を創り出す、などがわかってきた。

これを各類・式に沿って順次分布図として表わしてみると、①四区画・六区画帯銅鐸ともに当初四方（あるいは北方）への分布的拡大を示す、②しかし東方へは浸透が容易ではなく、単純に同心円的分布圏の拡大といった構図を考えることはできない、③東方へ受容されるに際しては、次の突線銅鐸期（中期末以降）に引き継がれるかのように、大形化・突線化などの新型式銅鐸としての道をとる、④大阪湾岸からとくに西方へ足早に分布していった中期銅鐸は、しかし新文化の渡来（？）によって、その末期には早くも姿を消していかざるをえなくなる、などの事柄が読み取れてきた。（竹内尚武）

植野浩三
須恵器蓋杯の製作技術
文化財学報　2集
p. 45〜p. 56

日本の須恵器研究は、戦後かなりの進展をみせてきた。生産跡（窯跡）の調査は、須恵器の編年、器種組成、生産組織、供給地とのあり方を考察する上で重要な成果をあげた。製作技術の研究も一応の成果をあげたと言えるが、須恵器生産の展開とともに今後論究する余地を残している。

本稿は古墳時代の須恵器蓋杯の製作技術、とくに6世紀代の蓋杯

内面に残る同心円文の性格について検討を加えたものである。蓋杯内面の同心円文のあり方は、（1）中央部に単独に施されるもの，（2）中央部に数回の重なりをもって施されるもの，（3）中央部のみならず，周辺部に6～8回の重複をもって施されるもの，に分類される。これらは，いずれもがロクロ成形（横ナデ）後に施され，外面回転ヘラ削りの直前か，同時に行なわれたことがうかがえる。また，工具と押圧面のあり方，外面と押圧面との関係を観察し，製作過程の復原を行なった。このようにして蓋杯内面に残る同心円文の性格は，外面を回転ヘラ削りする際の当て具（シッタ）の痕跡とすることができた。同心円文を有する時期は，そのほとんどが6世紀代であり，蓋杯の大型化と軌を一にして出現し，矮小化とともに消滅する。この現象は須恵器生産の諸画期の中で把握できるのである。

さらに，このような成果から，これまでの諸画期間での変化・変革（小画期とする）を追求することも可能で，須恵器生産の展開をより具体的に把握できるのである。また，この画期・小画期の要因を考えることにより，当時の海外交流，社会状勢のあり方を理解することができる。したがって，須恵器製作技術の検討は，生産のあり方，須恵器の流動，地方窯の須恵器を考える上において，また，海外交流，社会状勢の問題を考える上においても重要な役割を果たすものと思われる。（植野浩三）

山崎一雄
正倉院のガラス玉はどこで作られたか
正倉院年報 5号
p. 21～p. 28

正倉院宝物の中には有名な白瑠璃碗をはじめ6点のガラス器のほかに数万にのぼるガラス玉がある。色は濃緑，赤褐，白濁，青などの各種，形は多様である。昭和34～36年の特別調査で化学分析が行なわれた。青色ガラスはソーダ石灰ガラスであるが，他の色のものはすべて鉛ガラスである。これらが日本製である理由としては，（1）造仏所作物帳の記事から予想されるガラスの組成と実際の分析値が近いこと，（2）金属鉛の小片が附着した玉があること，（3）ガラス塊を研磨したとみられる緑泥片岩の小塊があることなどがあげられた。直接の証拠を得るためガラス玉中の鉛の同位体比が測定された。

鉛には 204，206，207，208 の4種の安定同位体があり，これらの存在比は鉛鉱石の地質学的年代に依存しているから，産地が異なれば同位体比が異なるのが普通である。したがって考古遺物中の鉛の同位体比を測定して，その値から考古遺物を区別し，場合によればその製作地を推定することもできる。さて正倉院のガラス玉の鉛同位体比を測定したところ，11種全部が日本産の方鉛鉱の値と一致した。鉛ガラスのみならず，青いソーダ石灰ガラス中の鉛も日本産の鉛であった。日本のどこの鉛鉱山のものかは不明であるが，それは日本の鉱石の鉛の同位体比がある範囲内にちらばって分布するからである。

ガラス玉ばかりでなく，正倉院に保存されている鉛丹も，また薬師寺本尊台座中から出た緑色のガラス玉もほとんど同じ同位体比を示した。すなわち8世紀のものとみられる正倉院のガラス玉は日本産の鉛鉱石を用いて，日本でつくられたものである。（山崎一雄）

奥田　尚・米田敏幸
土器の胎土分析方法について
古代学研究 99号
p. 12～p. 21

土器は形態と器種により区分されているが，近年，土器を作っている材料（胎土）の粘土や砂礫の研究がされるようになった。粘土成分に含まれる特定の元素の量比を蛍光X線によって調べる方法，胎土中の砂礫種構成を肉眼によって調べる方法，土器片を薄片にして偏光顕微鏡により砂礫種構成を調べる方法などがある。いずれも長所と短所があるが，土器を破壊・破損せずに調べる方法には肉眼で観察する方法があり，土器の表面・断面に含まれる砂礫種とその量・形を肉眼で観察した。

試料は八尾市中田一丁目の一括土壙から得られた弥生時代末から古墳時代初頭と推定される庄内式，布留式の個数確認のできる土器約140個である。形態的には庄内系，摂津系，山陰系，吉備系などに区分される土器が約半数含まれる。土器の砂礫種構成と形態には密接な関係があり，中田付近の土器と同時期の遺構の砂礫では作れない土器が多く認められた。

現在の河川の砂礫種構成は河川によって異なる場合が多い。中田を中心にして，近距離で，胎土中の砂礫種構成と同じ河川流域を推定すれば，摂津系の土器が高槻市から茨木市付近の淀川以北，山陰系の土器が鳥取市付近，庄内系の土器が生駒山西山麓で大和川の砂礫の影響の受けない地域などとなる。

機械によって荷物を運ぶことができない時代に，各地の砂礫を中田に運び，土器を作ったと考えるよりも，作った土器を運んだと考える方が妥当である。

形態からでは，土器を作る人が移り住んで，各地で同じ形態の土器を作ったとする考え方と，作った土器を運んだとする考え方がある。中田から出土した土器は，胎土の砂礫種構成から，各地で製作された土器が各地から運ばれてきたものであると言える。

（奥田　尚）

文献解題

池上　悟編

◆**大館遺跡群**―大新町遺跡　盛岡市教育委員会刊　1983年3月　A4判　230頁

　岩手県の中央部に位置する盛岡市域の南流する北上川に注ぐ雫石川の左岸に位置する遺跡である。広範な遺跡内における4地点の調査報告である。縄文時代の竪穴住居址19基，土壙49基などの遺構が検出され，多量の早・晩期の土器が出土している。さらに平安時代の竪穴住居址2軒，掘立柱建物跡3棟，土壙1基などの遺構も検出されている。

◆**鹿の子C遺跡**―常磐自動車道関係埋蔵文化財発掘調査報告書5　茨城県教育財団刊　1983年3月　B5判　997頁

　茨城県の南部霞ヶ浦東浦に注ぐ恋瀬川により南を，園部川により北を限られた幅約4kmの石岡台地上に位置する遺跡である。約15,000m²の範囲に溝により区画されて極めて整然と配置された竪穴住居址169軒，特異な連房式竪穴遺構5棟，掘立柱建物跡31棟，工房跡19軒，土壙136基などが検出され，注目される遺物として漆紙が多数確認されている。これは3,857片検出され，このうち723片からは文字が確認されている。遺跡の様相より国衙工房の可能性のつよい点が指摘されており，8世紀末より10世紀代にわたる変遷が考えられている。

◆**南二重堀遺跡**―千葉東南部ニュータウン12　千葉県文化財センター刊　1983年3月　B5判　304頁

　東京湾に注ぐ村田川下流域北岸の千葉市生実町の舌状台地上に位置する遺跡である。縄文時代前・中期の住居址14軒，古墳時代前・中期の住居址47軒のほかに，横穴式石室・箱式石棺などを主体部とする8基よりなる古墳群も調査されており，出土遺物より7世紀代の年代が推定されている。

◆**葛西城址発掘調査報告**　葛西城址調査会刊　1983年3月　B5判　564頁

　東京都東部の西の武蔵野台地と東の下総台地の間に広がる東京低地の一角の中川右岸に位置する遺跡である。中世に築城され近世にも利用された城郭の約4,000m²にわたる調査であり，城郭に先行する古墳時代の遺構をも含め，井戸址44，土壙46，溝址36などが検出され，遺物は土器・陶磁器のほかに約5,000枚の古銭，103点の板碑が出土している。

◆**鹿島町徳前C遺跡調査報告（Ⅳ）**　石川県立埋蔵文化財センター刊　1983年3月　A4判　182頁

　日本海に向って突出する能登半島の基部に位置する邑知池溝帯に当る鹿島町の二宮川によって形成された扇状地の末端に位置する遺跡である。縄文・弥生時代の若干の住居址・土壙が検出され，縄文時代前期末～中期前半の土器・石器のほかに弥生・古墳・奈良時代の遺物も出土している。

◆**札馬窯跡群発掘調査報告書**―大谷女子大学資料館報告第10冊　大谷女子大学資料館刊　1983年6月　B5判　202頁

　兵庫県中部の南流して瀬戸内海に注ぐ加古川右岸域の，加古川市志方町に所在する窯跡群の報告である。3つの谷を含む範囲で24基の須恵器の窯跡が確認され，うち4基の構造が知られる。8世紀前半より11世紀代に及ぶ操業が確認されており，9世紀前半より10世紀前半代を盛期として須恵器のほかに硯・瓦などを焼成している。

◆**御床松原遺跡**―志摩町文化財調査報告書第3集　1983年3月　志摩町教育委員会刊　B5判　187頁

　福岡県の西端部糸島郡志摩町の引津湾に面する砂丘上の遺跡である。貨泉の出土により研究史に著名な遺跡であり，弥生前期末の住居址1基・土壙1基，中期の住居址21基・土壙18基・甕棺墓1基，後期の住居址11基・土壙1基などが検出されており，土器のほかに多数の石錘と若干の鉄器が出土している。さらに古墳時代前期の住居址62基・土壙5基，後期の住居址6基・土壙1基のほかに奈良・平安時代の遺構も検出されている。

◆**佐賀県多久市三年山における石器時代の遺跡**―明治大学文学部研究報告考古学第9冊　明治大学刊　1983年5月　B5判　155頁

　佐賀県の西部，多久市北部の鬼ノ鼻山北麓の舌状台地上に位置する三年山および茶園原遺跡の，昭和35年の調査の報告である。前者からは尖頭器186，削器112，船底形石器11，掻器1，石核48などが出土し，後者は石器総数265点のうち大半が尖頭器である。ともに多量の大形尖頭器が主体をなすものであり，九州における尖頭器文化の上限にちかい編年的位置を占めるものとされる。

◆**楠野**―大分県文化財調査報告第63輯　1983年3月　大分県教育委員会刊　B5判　164頁

　大分県南西部の大野川上流域の東西1.3km，南北500mの楠野原台地に位置する遺跡で，うち2地点の調査である。遺構のうち主体をなすのは古墳時代の住居址69基であり，このほかに古墳時代前期の方形周溝墓7基，弥生時代の住居址，縄文時代早・晩期の包含層などが検出されている。

◆**史館**　第14号　市川ジャーナル社　1983年4月　A5判　140頁
奉免安楽寺貝塚の提起する問題
　……………………堀越正行
区画墓・土壙墓（上）―北海道美沢川流域の遺跡群の例
　……………………矢吹俊男
荒海式土器の再検討（一）
　……………………青木幸一
弥生土器・土師器編年の細別とその有効性……………大村　直

下総地方における北関東系土器と称される後期弥生式土器について……………………大沢　孝

千葉県における奈良・平安時代土器の様相（１）…………佐久間豊

土器型式の実相と共同体の認識………………柿沼修平

下総国分二寺軒瓦小考一同范異技軒瓦をめぐって……佐々木和博

板床存在の疑いがある竪穴住居について……高橋光男・熊野正也

茨城県古河市採集の先土器時代遺物……………………道沢　明

西広貝塚出土の安行Ⅰ式土器………………………米田耕之助

下総国分遺跡出土の墨書土器………………………宮内勝巳

◆**立正史学**　第53号　立正大学史学会　1983年３月　Ａ５判　79頁

仏足跡信仰の流伝………坂詰秀一

伊予出土の刻石経………岡本桂典

◆**考古学雑誌**　第68巻第４号　日本考古学会　1983年３月　Ｂ５判　124頁

横穴式木芯粘土室の基礎研究………………………柴田　稔

嘴形水差土器の祭祀的な性格について一前2000年紀後半の中央アナトリアを中心として………………大村幸弘

ナイル川流域の後期旧石器文化一穀物利用と農耕に関する問題を中心に……………藤本　強

群馬県前橋市檜峯遺跡出土の奈良三彩小壺…………………中沢充裕

◆**神奈川考古**　第15号　神奈川考古同人会　1983年４月　Ｂ５判　119頁

石斧について………………砂田佳弘

ロクロ使用の酸化焔焼成の土器について一横須賀市長井町内原遺跡出土土器の様相からみた検討を中心にして…………滝沢　亮・長谷川厚

相模原市長久保遺跡採集の石器……………………諏訪間順

横浜市港南区井土尻遺跡とその出土遺物……戸田哲也・相原俊夫

◆**甲斐考古**　第45号　山梨県考古学会　1983年４月　Ｂ５判　21頁

甲斐国古代の階級社会形成に関する研究（Ⅳ）一弥生末～前期古墳

のその後の展望，予察………………………山本寿々雄

山梨県における15世紀以降の土師質土器編年一境川村寺尾出土品を中心に……………坂本美夫

◆**信濃**　第35巻第４号　信濃史学会　1983年４月　Ａ５判　124頁

縄文土器の施文構造に関する一考察……………………鈴木敏昭

打製石斧研究の現状……斎藤基生

弥生式土器における地域色の性格…………………都出比呂志

弥生時代の炉………林　幸彦・花岡　弘

群馬県における神の木・有尾式土器について…秋池武・新井順二

越後における七・八世紀の土器様相と画期について…………坂井秀弥

赤城山南麓における遺跡群研究………能登　健・小島敦子　　　石坂　茂・徳江秀夫

◆**古代文化**　第35巻第５号　古代学協会　1983年５月　Ｂ５判　46頁

殷前期の提言（16）一夏・商殷考古学の諸問題………飯島武次

全羅北道南原郡月山里古墳群発掘調査略報…………全　栄来

南原郡月山里出土金銀錯素環頭大刀に寄せて一日韓出土の鉄製金銀錯刀装具の系譜………穴沢咊光・馬目順一

◆**古代学研究**　第99号　古代学研究会　1983年５月　Ｂ５判　48頁

弥生時代及び古墳時代の水利と水田一西日本を中心として（下）………正岡睦夫

はにわ製作者（下）……赤塚次郎

名古屋市熱田白鳥・断夫山古墳の前後関係について…三渡俊一郎

古墳群の構造変遷からみた古墳被葬者の性格（下）………田中晋作

徳島県土成町出土の石槌………………………河野雄次

菖蒲浦古墳群第１号墳出土の平絹と葛布について……布目順郎

土器の胎土分析方法について………奥田　尚・米田敏幸

◆**考古学研究**　第30巻第１号　考古学研究会　1983年６月　Ａ５判　126頁

弥生時代の呪術と呪具…金関　恕

擦文社会における金属器の普及量と所有形態………天野哲也

鉄鋌余論………………村上英之助

◆**たたら研究**　第25号　たたら研究会　1983年３月　Ｂ５判　90頁

福岡県八熊製鉄遺跡……井上裕弘

滋賀県野路小野山遺跡の調査………………………大橋信弥

静岡県日詰遺跡一伊豆半島における鉄及び鉄器生産の一様相………………佐藤達雄

広島県大矢製鉄遺跡………古瀬清秀・潮見　浩

岡山県奥土用・神庭谷製鉄遺跡発掘調査覚書………柳瀬昭彦

千葉市南二重堀遺跡出土の鉄鋌について………………伊藤智樹

◆**古文化談叢**　第11集　九州古文化研究会　1983年４月　Ｂ５判　261頁

岡為造氏収集考古資料集成………田中良之・武末純一　　小田富士雄・松永幸男

九州における先土器時代の石器群集中分布の構造………吉留秀敏

福岡県築上郡新吉富村垂水遺跡調査報告………………渡辺正気

垂水遺跡出土の鐘崎式系土器について………………松永幸男

福岡県・黒山遺跡について一三万田式土器の再検討……沢下孝信

縦横区画帯銅鐸の系譜…竹内尚武

筑前鞍手郡若宮町の蔵骨器………………………大神邦博

◆**肥後考古**　第３号　肥後考古学会　1983年４月　Ｂ５判　183頁

熊本県の古鏡一弥生時代と古墳時代………………岡崎　敬

弥生時代の鏡…………甲元真之

古墳時代の鏡…………高木恭二

「江田船山古墳出土」仿製鏡の異同について………小田富士雄

歴史時代の鏡………花岡興輝・高木恭二

熊本県下出土の土製模造鏡………………………富田紘一

日本における古鏡発見地名表（熊本県）………………岡崎　敬

歴史時代古鏡発見地名表（熊本県一古代）…………高木恭二

学界動向

「季刊 考古学」編集部編

――――――沖縄・九州地方

段丘上に大集落跡 沖縄県与那城村字上原万川原（宮城島）のシヌグ堂遺跡で，標高約100mの琉球石灰丘陵上から沖縄最大の集落跡が発見された。沖縄県教育委員会によるこれまでの調査で竪穴住居跡42軒，礫床住居跡18軒の計60軒が発見されているが，遺跡全体では100軒以上になるものと推定される。遺跡は今から2200〜2500年前の沖縄貝塚時代中期のもので，石斧50点，磨石約10点，石皿3点，骨製品，貝製品なども多く出土した。こうした大集落が海から遠く離れて形成されたということは採取から農耕への発展を示すものとして注目される。

方形周溝墓から筒形銅器 福岡県教育委員会が九州横断自動車道建設に伴って発掘調査を進めている甘木市下浦の立野遺跡で4世紀後半の墓が16基発見された。墓は方形周溝墓13基と円形周溝墓3基で，方形周溝墓はすべて箱式石棺を伴っていた。このうちの1基から鉄製直刀と鉄剣と一緒に長さ約12cmの筒形銅器1点が出土した。開口部の直径2.1cm，やや離れて出土した青銅の小棒は長さ4.5cmである。これまでの出土例約50点はすべて古墳出土のもので，方形周溝墓から発見されたのは今回が初めて。また6号周溝墓の箱式石棺側壁板の1枚に盃状穴18個があけられていることがわかった。穴は直径2〜3cm，深さ0.5cm前後のもので，山口市神田山石棺群でも検出されている。

天平6年の木簡出土 太宰府市不丁の政庁南門から南約180mの地点を走る溝の中から「天平六年四月廿一日」（734年）と記された木簡が出土した。木簡は長さ27cm，幅4.2cmのもので，これまでに大府宰史跡から出土した約1,000点の木簡のうち紀年名を有

するものとしては最古だった「延長五年」（927年）を2世紀近くさかのぼるもの。この木簡の表は赤外線調査の結果，

(上)兵士合五十九人
(下)□□□二人兵士□三人
　　定役五十四□筑前兵士卅一□
　　　　　　筑後兵士廿三□

と判読できた。なおこの同じ日には「西海道節度使藤原宇合退任」のことが『続日本紀』にみえている。

弥生〜古墳の住居跡 340 軒 福岡県行橋市西部の丘陵地帯に広がる下稗田遺跡で弥生時代前期から中期にかけての住居跡が約160軒と弥生時代後期から古墳時代の住居跡が約180軒確認された。行橋市教育委員会などが組織した遺跡調査指導委員会が1979年度から4年がかりで調査してきたもので，弥生後期から古墳時代へ進むにつれてすべて方形プランの住居になり，また床面積は拡大する傾向がある。そのほか貯蔵穴約1,800基，墓跡300基や土器，石器，木製品，鉄器も多数出土した。この遺跡では弥生時代前期中葉に小集落が営まれ，前期末には中央のA―D地区を中心に大集落ができた。だが人口が増えすぎて分村化現象が起こり，中期まで続いた。一時，村は衰退したが，弥生時代後期後半に再び集落が出現した，と推定される。

――――――近畿地方

大洞式期の遮光器土偶 神戸市灘区篠原中町2の建設用地で縄文時代晩期大洞式期の遮光器土偶の左目と耳，胸，肩の一部分が発見された。少なくとも3個体あり，目と耳の土偶は復元推定高約30cmとかなり大型で，これまで近畿地方で発見された土偶のなかで遮光器型と確定できるものとしては初めての例。その後，大洞式土器の注口部分も発見された。現場

一帯からは縄文時代晩期の甕棺9基，石刀片13点（別個体），弥生時代後期の竪穴住居跡（直径8.3m）1軒，同時期の倉庫と考えられる竪穴建築（直径3.0m）1軒，土器片多数が発見されており，東北地方との交流が考えられる遺跡として興味深い。

「鳥坂寺」の墨書土器 大阪府柏原市高井田の丘陵地で柏原市教育委員会が発掘調査を行なったところ，大規模な僧房跡がみつかり，その一角の井戸内から平安時代の墨書土器が出土した。直径15.6cm，高さ5.5cmの杯で，側面に「鳥坂寺」の銘が入っていた。一帯は昭和36〜37年に大阪府教育委員会が調査し，立派な基壇をもつ金堂，講堂，塔跡などがみつかっている。797年に完成した『続日本紀』には孝謙天皇が参詣したという河内国六寺のうちの1つに鳥坂寺の名前がみえるが，その所在地は不明だった。今回の墨書土器の発見でその位置が確定的となり，鳥坂寺は7世紀中ごろに建てられ10世紀末廃寺になった可能性が強い。

長原遺跡から弥生の水田跡 大阪市平野区長吉川辺3丁目にあたる長原遺跡の東南部を大阪市文化財協会が発掘したところ，地下70〜80cmで弥生時代中期以前とみられる水田跡が発見された。水田は40〜80m²のものが20面あり，宮崎大学藤原宏志助教授の分析でも多量のプラントオパールが検出された。近畿地方で水田遺構がこれほどまとまって出土したのは珍しい。この水田跡のさらに下層から長さ1.37mの木製弓や石斧柄，石鏃，土器，土器片などが発見され，いずれも縄文時代晩期のものとわかった。また昭和57年に同じ長原遺跡から出土した縄文時代晩期長原式土器を調査した結果，10点近くの土器に籾圧痕が発見された。長径6.5mm，短径4mm

前後でジャポニカ種と同定されている。

古代河内潟の農耕集落　大阪府四條畷市教育委員会が調査を進めていた市内雁屋北町雁屋遺跡の発掘調査で弥生時代前期の土器や石器、弥生時代中期の土器棺などが出土し、同遺跡が古代河内潟の北畔に発展した大規模な農耕集落であることがわかった。遺物は東西約25m、幅20〜30cmの溝状遺構の周辺から発見されたもので、1,000点近い土器のうち数百点の甕と壺の大半は畿内第一様式中段階のものであるが、中には器高70cmの大壺が畿内第一様式古段階に位置づけられるものだった。また石包丁2点、紡錘車2点、蛤刃石斧1点のほか、畿内第三様式の幼児を葬ったとみられる鉢と甕を組み合わせた土器棺もみつかった。

古墳時代の準構造船　八尾市神武町の近畿自動車道建設予定地内にある久宝寺遺跡で丸木をくり抜いた上に板を接いだらしい古墳時代の準構造船が大阪文化財センターの調査で発見された。船は調査のための土どめ用鋼矢板で真っ二つに切断されているが、長さ約3m、最大幅124cmで、推定全長は7〜10m。船首の断面はU字形で、その上に溝状の掘り抜きと長方形の柄穴があるところから、仕切り板やへさきなどの船首部材が取りつけられていたとみられる。丸木舟と構造船の間をうめる準構造船ともよべるもので、和泉市の菩提池西遺跡から出土した船形埴輪によく似た形だったと推定される。周辺から出土した土器からみて少なくとも4世紀初頭にさかのぼるとみられ、復元像から推定して本来瀬戸内を航行できる能力を有していたのではないかと考えられている。

黒田大塚古墳は全長約80m　奈良県磯城郡田原本町教育委員会と県立橿原考古学研究所が発掘調査を行なっている田原本町黒田の黒田大塚古墳は周濠をもった全長約80m、6世紀前半の前方後円墳であることがわかった。周濠は底幅が約7mで、墳丘は二段築成であったと思われるが、一段目が約6mにわたって削られていることが確認された。このため全長約55m、前方部幅約23m、後円部径約28mとされていた同古墳は墳丘だけでも10m以上大きく、周濠も含めると80m前後になることがわかった。また後円部のトレンチから直径約20cmの丸い頭をもつ鳥形木製品の一部と直径約40cmのカサ形木製品の半分、前方部のトレンチから直径約40cmのカサ形木製品が完形でみつかった。これらの木製品は古墳の祭祀を考える上で貴重な資料とみられる。

平群で飛鳥の大建築跡　奈良県生駒郡平群町椿井の住宅工事現場から古文献にみられない飛鳥時代の大規模な建物跡が発見され、平群西宮遺跡と名づけられた。現場は法隆寺の西北約3.0kmの平群谷で、竜田川左岸の丘陵地にあり、県立橿原考古学研究所が発掘調査を進めている。直径42cmの掘立て柱は9本あり、柱の沈下を防ぐための礎板は幅27〜30cm、長さ50〜80cmの板数枚を十字に組んで柱の下にあてていた。中には半円形の切り込みのある板もあり、建物の床板か長押を転用したものらしい。建物は北面に廂をもつ東西に長いもので、規模は東西5〜6間、南北4間と想定され、飛鳥、斑鳩地方の宮殿にも匹敵する建物遺構。年代は出土した須恵器や土師器、瓦片などからみて7世紀前半から中頃と推定されるが、場所がら上宮王家とよばれる聖徳太子一族の居住地か、この地方に勢力のあった平群氏の邸宅、あるいは郡衙などの可能性もある。

今井1号墳から後漢鏡　奈良県立橿原考古学研究所は五条地方で最大規模の今井1号墳（五条市今井町）を発掘していたが、竪穴式石室から鏡など多くの副葬品を発見、5世紀後半の前方後円墳であることがわかった。同古墳は全長30mで幅12mの濠をめぐらしている。後円部から幅約80cm、長さ約3mの規模で主軸並行の竪穴式石室が発見され、中から割竹形木棺の痕跡を検出した。鏡は後漢の時代に作られた細線式獣帯鏡で、直径22.2cm、37文字の銘があり、「銅梁作竟四夷服多賀国家人民息胡虜參滅天下復風雨時節五穀孰長保二親得天力楽今」と判読できた。伝奈良市大安寺古墳出土品など同型鏡が3面知られるが、正式な発掘調査で出土したのは初めて。このほか副葬品として勾玉、ガラス玉、金環、鉄刀があるが、前方部土坑内からは鉄剣、鉄製三角板鋲留短甲、肩鎧などが出土し、後円墳頂部からは家形、円筒埴輪片など約300点がみつかった。また墳丘部には葺石がきれいに残っていた。

「四隅突出型」類似の古墳　京都府熊野郡久美浜町教育委員会と京都府教育委員会が調査を進めていた久美浜町品田の権現山古墳は方墳の角に小古墳を造りつけた珍しい形式の古墳であることがわかった。同古墳は標高57mの権現山山頂部を削り出した長辺50m、短辺45mの方墳で、南側は土砂採取のため崩壊していたが、三方の角に長さ約10m、幅8mほどの張り出し部がみつかった。とくに北側の突出部は一辺12〜13mで、その中央に長さ2.1m、幅50cmの木棺直葬墓がみつかった。古墳の中央墳丘部からは57年の調査で木棺直葬墓6基、竪穴式石室1基がみつかっており、今回の主体部もほぼ同時期の古墳時代前期末と推定される。外観上からは

101

学界動向

出雲地方に多くみられる四隅突出型古墳に似ているが，すそ回りの張り石がないことと，100年近く新しいことから四隅突出型古墳に含められるかどうか疑問がある。

弥生中期の玉作遺跡 滋賀県野洲郡野洲町教育委員会が滋賀県教育委員会の協力をえて昭和57年7月から発掘調査を進めていた野洲町の市三宅東遺跡で，管玉を製作していた弥生時代中期前半の玉作工房跡と工具類が発見された。遺跡は日本アイ・ビー・エム㈱野洲工場内にあり，工房跡は直径6.5mの円形竪穴住居。住居の床面や埋土中から管玉を作る原石とみられる碧玉の破片（1～3cm）約100点と紅簾片岩製の石鋸（長さ17.5cm）1点，硬質頁岩製の石錐（長さ2cm前後）30点，砂岩や凝灰岩製の砥石4点などがみつかった。とくに砥石は荒砥石と中砥石，仕上げ砥石の3種類あり，工房跡隣接地からは石ノミ数点も出土した。工房跡と工具類がセットで発見されたのは珍しく，原石は山陰地方，工具の石は和歌山や生駒地方産のものも多く，当時かなり広い範囲の交易圏が知られる。しかし管玉の完成品は見つかっておらず，製作途中の未製品もほとんど残されていなかった。近時の調査で，この工房跡の南西60m余の所で別の工房跡が発見され，碧玉片，紅簾片岩，石錐などが出土している。その時期は前出のものと同じ弥生時代中期前半に遡ると考えられるが，前後関係などは未だ明らかではない。今回の発見は，弥生時代における西日本の代表的な大中の湖技法による玉作り工房の初めての発見であるとともに，遺跡が縄文晩期あるいは弥生時代前期から続く地域の拠点的集落の一角でなされていたことが注目される。

奈良～平安の大邸宅跡 滋賀県教育委員会が発掘を進めている犬上郡甲良町尼子の長畑遺跡で奈良時代から平安時代へかけての22の建物群をもつ遺構が発見された。掘立柱建物24棟，竪穴住居4棟と井戸3基，溝1条が須恵器，土師器，灰釉陶器，黒色土器，鉄製品，卜石などとともに出土したもので，24の建物のうち22棟は正殿，後殿，脇殿と整然と配置され，西側には倉庫群もみつかった。建物の規模は天平尺（1尺＝30cm）を用いており，配置は平城京の中央官人の邸宅とよくにている。ただ郡衙にしては全体規模が小さく，倉庫も少ないことから，犬上郡に居住した豪族の邸宅跡の可能性が強い。

中部地方

縄文中期の大型炉址 金沢東市瀬町の東市瀬遺跡では金沢市教育委員会によって発掘調査が進められ，縄文時代中期後葉の住居跡48軒と時代変遷を示す各種の炉址が発見されているが，新たに大型の石組炉址4基がみつかった。各炉は5～6m間隔で円を描くように配置されており，平らな石が長辺に4～5個，短辺に3～5個使われている。中でも最大の47号住居跡の炉は長辺2m，短辺1.28mもあり，八角形に近い。これらの大型炉は馬蹄形をなす集落の一番奥に位置することから，長の住居跡か集会所，あるいは祭祀場など集落の中枢部にあたる可能性が強い。炉は縄文時代中期後葉約500年の中で5期にわけられ，1期ごとの集落戸数は10～12軒とみられる。

丸太木組のある尼塚1号墳 富山大学考古学研究室（秋山進午教授）は石川県七尾市国分町の尼塚古墳群のうちの1号墳を発掘調査していたが，木棺の周囲にこれまで例のない丸太材の木組が発見された。1号墳は全長約53mの前方後方墳で，4世紀後半の築成とみられている。今回第3次調査を行なったところ，上端で長さ約11m，幅約6m，底部で長さ約7m，幅2.2～2.8mのほぼ南北方向に大きな墓壙があり，長さ約4.6m，幅約1mの割竹形木棺が安置されていた。木組は主に直径約20cmの丸太を井桁状に組み合わせたもので，長さ約6.5m，幅約1.9mを測るが，この構造は墓壙の底部を区画し，棺を置いたあと粘土をつめ込んで棺を固定する役割を果したものではないかと推定される。副葬品は夔鳳鏡1，銅鏃57，鉄槍2，鉄刀1，鉄剣3，刀子1，鉄鎌4，異形勾玉1，管玉10，軶1，鉄斧3，鉇2，ノミ状鉄器3，鍬先1，ヤス4ないし5など約100点がみつかった。

関東地方

牛頭骨を生贄とした祭祀遺跡 横須賀市夏島町鉈切遺跡の一角にあたる追浜運動公園前の市道わきで直径1.4mの円形に掘られた土壙のほぼ中央に長さ50cm，幅35cmの牛頭骨が逆さの状態に置かれて発見された。横須賀市教育委員会の委託を受けた鉈切遺跡調査団が調査したもので，土壙の周囲には石が並べられ，頭骨の上には土師器坏7点と長甕1点がそえられていた。また土壙の外側にも坏と甕がセットとなって数個所に発見されたが，これらの土器はすべて鬼高III期に該当し，6世紀末から7世紀初めにかけての遺跡と考えられる。牛や馬の頭骨を神にささげて行なう雨乞いの信仰は，『日本書紀』皇極天皇元年（642）条にも記録があるが，古墳時代までさかのぼる発掘例は初めて。

東北地方

弥生の水田跡 仙台市教育委員会が調査を進めている仙台市富沢の鳥居原・中谷地遺跡と，800m離れた泉崎前遺跡で弥生時代中期

の水田跡がみつかった。いずれも地下鉄ルートにあたる所で、水田面は幅 1〜2m の直角に交わる太い畦と細い畦で仕切られており、小区画は 6〜26m² 。幅 1.5〜2m の用水堀や木の枝を使った杭列も発見され、桝形囲式土器の伴出から弥生時代中期の水田跡であることがわかった。東北地方では青森県垂柳遺跡につぐ弥生時代の水田跡で、用水堀からは流木などの木片とともに柄が抜け落ちた木製鍬 2 点と木製鋤 1 点も発見された。弥生時代の農耕具の発見は東北では初めてのことである。

中峰遺跡から旧石器 112 点発掘
浄水場建設のため宮城県教育委員会が発掘を進めていた宮城県黒川郡大和町吉田中峰の中峰遺跡で約 10 万年以前とみられる旧石器 112 点が出土した。中峰遺跡は大和町の中心部から西へ約 2km 、標高 92m の小高い丘の一角で、石器はチョッピングトゥール、尖頭器、掻器、彫刻刀形石器などで、素材は安山岩と硅岩。地表下約 5m の第 5 文化層から出土したもので、上部の地層からは約 4 万年前の旧石器約 11 点も発見された。同遺跡の地層は火山灰などの重なり具合が極めてきれいで年代をはっきりさせやすい条件にある。

──────────北海道地方

旧石器時代の装身具　北海道瀬棚郡今金町の美利河（びりか）1 遺跡で北海道埋蔵文化財センターによる発掘調査が行なわれ、旧石器時代終末期細石器文化の石製玉 5 点が発見された。2 万点を越える遺物は、いくつかのブロックで出土し、場所によっては多量の木炭片や焼土がみられた。玉はその多量の焼土を水洗して発見されたもので、最も大きなものは直径 8mm 、厚さ 6mm の円形をなし、中央に 2mm 前後の穴があいている平玉である。ヒモなどを通して

首飾りや腕輪類に用いられたと推定されるが、旧石器時代の装身具はわが国でも初めの例。

樹皮に包まれた縄文人　北海道埋蔵文化財センターが発掘調査した千歳市新千歳空港建設用地内の美々 4 遺跡で、シラカンバ属の木の皮に包まれた埋葬人骨が発見された。遺跡は美沢川に面した台地の斜面上にあり、標高は約 20m 。この墓は、地表下約 1m の樽前 b 軽石層（1667 年降下）の下位にある第 1 腐植土層から検出された縄文時代晩期末の土壙墓の 1 つで、壙口の大きさは 1.25×1.10m 。厚さ約 50cm の樽前 c 軽石層（縄文時代晩期末頃降下）を貫いて、底面は第 2 腐植土層に達している。遺体の保存状態は悪く、年齢・性別はわかっていないが、南東頭位の屈葬であったらしい。副葬品は遺体の上部にあり、タンネトゥ L 式の深鉢、大洞 A 式相当の壺、泥岩製の垂飾各 1 個である。覆土中には相当量の炭化材があり、遺体そのものには火熱を受けた痕跡はないが、覆っていたと思われる樹皮の上部は焼失している。樹皮の種類は大きさなどからウダイカンバとみられ、容器状の加工品であった可能性もある。

──────学会・研究会ほか

日本考古学協会昭和 58 年度大会
11 月 12 日（土）〜14 日（月）にかけて香川大学を会場に開催された。第 1 日目は公開講演会と研究発表が行なわれ、桜井清彦早稲田大学教授の「エジプト・マルカタ遺跡の発掘」および小林行雄京都大学名誉教授の「三角縁神獣鏡をめぐって」が演ぜられた。また第 2 日目は終日研究発表とシンポジウムが行なわれた。
Ⅰ　四国における考古学研究の現状と課題
高知県……森田尚宏・宅間一之
愛媛県…………………長井数秋

香川県……藤好史郎・広瀬常雄
徳島県…………………天羽利夫
Ⅱ　瀬戸内沿岸における前期古墳の諸問題
徳島県における積石塚についての一・二の問題……菅原康夫
愛媛県の前期古墳
　　　……正岡睦夫・相田則美
香川県における前期古墳
　　　………………………大山真充
岡山県備前市新庄所在の竪穴式石室蓋材の材質と香川県の石棺の性格…………間壁忠彦
Ⅲ　シンポジウム・瀬戸内沿岸における前期古墳の諸問題を中心にして（司会・西川宏）
なお明年の第 50 回総会は法政大学で開催の予定。

◇　　　　◇

篠崎四郎氏　昭和 58 年 8 月 19 日脳しゅようのため東京・豊島区の要町病院で逝去された。81 歳。明治 36 年生まれ。京華中学中退。初代千葉県文化財専門委員で、金石文の研究により紫綬褒章を受章した。著書に『拓本と金石文の話』『房総金石文の研究』『日本金石文の研究』などがある。

望月薫弘氏　昭和 58 年 8 月 19 日急性骨髄性白血症のため逝去された。51 歳。元静岡市教育委員会副主幹。昭和 7 年静岡県生まれ。明治大学文学部卒業。著書に『伊豆修善寺町の仏教遺物』「日本各地の寺院跡一中部」新版仏教考古学講座 2 などがある。

杉原荘介氏　昭和 58 年 9 月 1 日心不全のため市川市の自宅で逝去された。69 歳。明治大学教授、国文化財保護審議会専門委員。文学博士。大正 2 年東京都生まれ。明治大学文科卒業。登呂遺跡調査の中心となった一人であり、また岩宿遺跡の発掘責任者もつとめた。著書に『原史学序論』『群馬県岩宿発見の石器文化』『弥生式土器集成』（共編）『日本青銅器の研究』などがある。

■第7号予告■

特集　縄文時代の集落

1984 年 4 月 25 日発売
総 108 頁　　1,500 円

縄文時代の集落…………………林　謙作
「村落」のなかの集落
　　遺跡群の構成…………………武井則道
　　集落の構成……………………鈴木保彦
　　集落と物資の集散……………安孫子昭二
集落の変遷と変化
　　旧石器時代の集落……………小野　昭
　　弥生時代の集落………………小宮恒雄
　　中国新石器時代の集落………町田　章
　　朝鮮半島先史時代の集落………西谷　正
　　北米 Archaic 期の集落 …………小谷凱宣
　アメリカ北西海岸インディアン
　　の集落…………………スチュアート・ヘンリ

東南アジア焼畑農耕民の集落……宮本　勝
集落の構成要素
　　縄文期の住居…………………宮本長二郎
　　狩猟・漁撈の場………………西本豊弘

＜講座＞古墳時代史 7 ……………石野博信
＜講座＞考古学と周辺科学 5 ―植物学
　　　　　　　　　　　　……………交 渉 中
＜調査報告＞福井県鳥浜貝塚ほか
＜書　　評＞
＜論文展望＞
＜文献解題＞
＜学界動向＞

編集室より

◆邪馬台国については，学者，好事家ともに多くの意見があり，いまだに謎につつまれている。

　本号では 3 世紀という時代に焦点をあて，できるだけその特質をとり出そうとした。邪馬台国の時代の実際は，今日どの面まで理解されているのか，第一線の研究成果がこれであるといえる。

　なお，今回の企画にあたっては初期の段階に多くの方々のご意見を伺ったが，とりわけ安田喜憲先生にはお世話になったことを記してお礼を申しあげておきたい。　　　　　　　　（芳賀）

◆今回の特集では邪馬台国の問題を考古学的に考察した。誰もが話題とする「邪馬台国はどこにあったか」をテーマに論議するのではなく，『魏志』倭人伝に「邪馬台国」と書き表わされた時代，つまり 3 世紀の時代の北部九州と畿内はどんな情況にあったかをつきとめることにある。

　一方，「倭」という語のもつ範囲についても，広く朝鮮半島までに及ぶと考える説もあり，一定していない。ここでは奴国まではその位置にほぼ誤まりがないとみて，各国の遺跡・遺物を検討したが，土器編年の検討などなお多くの研究課題を残している。　　（宮島）

本号の編集協力者――西谷　正（九州大学助教授）
1938年大阪府生まれ，京都大学大学院修了。『韓国考古通信』『韓国考古学概論』『韓国美術史』などの著・訳がある。

■ 本号の表紙 ■

　『魏志』倭人伝に記載される 3 世紀前半の東アジアをみると，まず，中国大陸では魏・呉・蜀の三国が分立し，互いに天下の統一をねらっていた。陸つづきの朝鮮半島では，北半部に高句麗が成長し，南半部では韓の諸国の動きが活発になっていた。ちょうどそのころ，日本列島においても，邪馬台国をはじめとする多くの国ぐにが誕生し，さらにより大きな古代国家成立への機運が高まっていた。このように，世の中がめまぐるしく動いていた国際環境のもとで，邪馬台国の女王卑弥呼は，景初 3 年（239）に魏に朝貢した際，金印・紫綬のほか銅鏡百枚などを贈られている。島根県の神原神社古墳出土の景初三年銘三角縁神獣鏡は，そのときの一枚である可能性が高く，その後，大和朝廷の成立過程で，畿内の中枢部から出雲の地方政権の首長に分配されたものと推測される。　　　（西谷　正）

▶本誌直接購読のご案内◀

　『季刊考古学』は一般書店の店頭で販売しております。なるべくお近くの書店で予約購読なさるをおすすめしますが，とくに手に入りにくいときには当社へ直接お申し込み下さい。その場合，1年分 6,000 円（4 冊，送料は当社負担）を郵便振替（東京 3-1685）または現金書留にて，住所，氏名および『季刊考古学』第何号より第何号までと明記の上当社営業部までご送金下さい。

季刊 考古学　第 6 号　　　　1984年2月1日発行
ARCHAEOLOGY　QUARTERLY　　定価 1,500 円

編集人　芳賀章内
発行人　長坂一雄
印刷所　新日本印刷株式会社
発行所　雄山閣出版株式会社
〒 102　東京都千代田区富士見 2-6-9
電話　03-262-3231　　振替　東京 3-1685

◆本誌記事の無断転載は固くおことわりします
ISBN 4-639-00309-9　　printed in Japan

季刊 考古学 オンデマンド版　第6号　1984年2月1日　初版発行
ARCHAEOROGY　QUARTERLY　　　　　2018年6月10日　オンデマンド版発行
定価（本体2,400円＋税）

編集人　　芳賀章内

発行人　　宮田哲男

印刷所　　石川特殊特急製本株式会社

発行所　　株式会社　雄山閣　http://www.yuzankaku.co.jp

〒102-0071　東京都千代田区富士見2-6-9

電話 03-3262-3231　FAX 03-3262-6938　振替　00130-5-1685

◆本誌記事の無断転載は固くおことわりします　ISBN 978-4-639-13006-2　Printed in Japan

初期バックナンバー、待望の復刻!!
季刊 考古学 OD　創刊号～第 50 号〈第一期〉
全 50 冊セット定価（本体 120,000 円＋税）　セット ISBN：978-4-639-10532-9
各巻分売可　各巻定価（本体 2,400 円＋税）

号　数	刊行年	特　集　名	編　　者	ISBN（978-4-639-）
創刊号	1982 年 10 月	縄文人は何を食べたか	渡辺 誠	13001-7
第 2 号	1983 年 1 月	神々と仏を考古学する	坂詰 秀一	13002-4
第 3 号	1983 年 4 月	古墳の謎を解剖する	大塚 初重	13003-1
第 4 号	1983 年 7 月	日本旧石器人の生活と技術	加藤 晋平	13004-8
第 5 号	1983 年 10 月	装身の考古学	町田 章・春成 秀爾	13005-5
第 6 号	1984 年 1 月	邪馬台国を考古学する	西谷 正	13006-2
第 7 号	1984 年 4 月	縄文人のムラとくらし	林 謙作	13007-9
第 8 号	1984 年 7 月	古代日本の鉄を科学する	佐々木 稔	13008-6
第 9 号	1984 年 10 月	墳墓の形態とその思想	坂詰 秀一	13009-3
第 10 号	1985 年 1 月	古墳の編年を総括する	石野 博信	13010-9
第 11 号	1985 年 4 月	動物の骨が語る世界	金子 浩昌	13011-6
第 12 号	1985 年 7 月	縄文時代のものと文化の交流	戸沢 充則	13012-3
第 13 号	1985 年 10 月	江戸時代を掘る	加藤 晋平・古泉 弘	13013-0
第 14 号	1986 年 1 月	弥生人は何を食べたか	甲元 真之	13014-7
第 15 号	1986 年 4 月	日本海をめぐる環境と考古学	安田 喜憲	13015-4
第 16 号	1986 年 7 月	古墳時代の社会と変革	岩崎 卓也	13016-1
第 17 号	1986 年 10 月	縄文土器の編年	小林 達雄	13017-8
第 18 号	1987 年 1 月	考古学と出土文字	坂詰 秀一	13018-5
第 19 号	1987 年 4 月	弥生土器は語る	工楽 善通	13019-2
第 20 号	1987 年 7 月	埴輪をめぐる古墳社会	水野 正好	13020-8
第 21 号	1987 年 10 月	縄文文化の地域性	林 謙作	13021-5
第 22 号	1988 年 1 月	古代の都城―飛鳥から平安京まで	町田 章	13022-2
第 23 号	1988 年 4 月	縄文と弥生を比較する	乙益 重隆	13023-9
第 24 号	1988 年 7 月	土器からよむ古墳社会	中村 浩・望月 幹夫	13024-6
第 25 号	1988 年 10 月	縄文・弥生の漁撈文化	渡辺 誠	13025-3
第 26 号	1989 年 1 月	戦国考古学のイメージ	坂詰 秀一	13026-0
第 27 号	1989 年 4 月	青銅器と弥生社会	西谷 正	13027-7
第 28 号	1989 年 7 月	古墳には何が副葬されたか	泉森 皎	13028-4
第 29 号	1989 年 10 月	旧石器時代の東アジアと日本	加藤 晋平	13029-1
第 30 号	1990 年 1 月	縄文土偶の世界	小林 達雄	13030-7
第 31 号	1990 年 4 月	環濠集落とクニのおこり	原口 正三	13031-4
第 32 号	1990 年 7 月	古代の住居―縄文から古墳へ	宮本 長二郎・工楽 善通	13032-1
第 33 号	1990 年 10 月	古墳時代の日本と中国・朝鮮	岩崎 卓也・中山 清隆	13033-8
第 34 号	1991 年 1 月	古代仏教の考古学	坂詰 秀一・森 郁夫	13034-5
第 35 号	1991 年 4 月	石器と人類の歴史	戸沢 充則	13035-2
第 36 号	1991 年 7 月	古代の豪族居館	小笠原 好彦・阿部 義平	13036-9
第 37 号	1991 年 10 月	稲作農耕と弥生文化	工楽 善通	13037-6
第 38 号	1992 年 1 月	アジアのなかの縄文文化	西谷 正・木村 幾多郎	13038-3
第 39 号	1992 年 4 月	中世を考古学する	坂詰 秀一	13039-0
第 40 号	1992 年 7 月	古墳の形の謎を解く	石野 博信	13040-6
第 41 号	1992 年 10 月	貝塚が語る縄文文化	岡村 道雄	13041-3
第 42 号	1993 年 1 月	須恵器の編年とその時代	中村 浩	13042-0
第 43 号	1993 年 4 月	鏡の語る古代史	高倉 洋彰・車崎 正彦	13043-7
第 44 号	1993 年 7 月	縄文時代の家と集落	小林 達雄	13044-4
第 45 号	1993 年 10 月	横穴式石室の世界	河上 邦彦	13045-1
第 46 号	1994 年 1 月	古代の道と考古学	木下 良・坂詰 秀一	13046-8
第 47 号	1994 年 4 月	先史時代の木工文化	工楽 善通・黒崎 直	13047-5
第 48 号	1994 年 7 月	縄文社会と土器	小林 達雄	13048-2
第 49 号	1994 年 10 月	平安京跡発掘	江谷 寛・坂詰 秀一	13049-9
第 50 号	1995 年 1 月	縄文時代の新展開	渡辺 誠	13050-5

※「季刊 考古学 OD」は初版を底本とし、広告頁のみを除いてその他は原本そのままに復刻しております。初版との内容の差違はございません。

「季刊 考古学　OD」は全国の一般書店にて販売しております。なるべくお近くの書店でご注文なさることをおすすめしますが、とくに手に入りにくいときには当社へ直接お申込みください。